Deuxième Série

des

Souvenirs intimes

de la

Cour des Tuileries

DU MÊME AUTEUR

L'Outrage, roman.

Passion, roman.

Souvenirs intimes de la Cour des Tuileries.

Tous droits de reproduction et de traduction réservés pour tous les pays, y compris la Suède et la Norwège.

S'adresser, pour traiter, à M. Paul Ollendorff, éditeur, 28 *bis*, rue de Richelieu, Paris.

MADAME CARETTE
NÉE BOUVET

Deuxième Série
des
Souvenirs intimes
de la
Cour des Tuileries

PARIS

PAUL OLLENDORFF, ÉDITEUR

28 *bis*, RUE DE RICHELIEU, 28 *bis*

1890

Tous droits réservés.

Il a été tiré de cet ouvrage quinze exemplaires sur papier de Hollande, numérotés à la presse (1 à 15).

L'accueil fait par le public à la première série de ces *Souvenirs* m'engage à les continuer.

Cependant ce nouveau volume ne vient pas à son ordre chronologique.

Avant de poursuivre le récit des années prospères, j'ai cru devoir retracer dans leur poignante réalité les derniers jours de la vie intime des souverains, de juillet à septembre 1870. En effet, c'est surtout dans la mauvaise fortune que se révèlent les sentiments et les caractères.

Si je puis effacer certaines légendes nées de la guerre; s'il m'est permis de dégager toute une période de l'Empire des voiles sombres de 1870, à travers lesquels on s'est trop accoutumé à considérer tout le régime, j'aurai atteint mon but pour la suite du récit que je reprendrai.

Le rôle du « chroniqueur » est modeste. Il doit se borner à retracer les faits avec une scrupuleuse exactitude. C'est le seul mérite que j'aie cherché à attacher à cette œuvre.

CARETTE, née BOUVET.

SOUVENIRS INTIMES

DE LA

COUR DES TUILERIES

JUILLET-SEPTEMBRE 1870

CHAPITRE PREMIER

La déclaration de guerre. — La Reine Isabelle et le Général Prim. — Prince et Princesse de Hohenzollern. — Le Roi de Prusse à Ems. — Le Comte Benedetti. — Dalle commémorative. — Négociations. — Monsieur Rancès. — Le Baron de Thile. — Paroles de l'Empereur. — Le Comte de Bismarck. — Le Prince Frédéric-Charles. — Renonciation éventuelle du Prince Léopold.

« La vérité est comme la lumière ; elle traverse les plus gros nuages. »

Au mois de juillet 1870, la France frémissante se réveillait au milieu d'une des plus grandes aventures de son histoire! La guerre était déclarée.

Les grands conflits politiques ont parfois des causes que les petits faits intimes éclairent de reflets imprévus. C'est à l'historien d'en dégager les conséquences.

Le 2 juillet 1870, la Reine d'Espagne Isabelle II abdiquait en faveur de son fils le jeune prince des Asturies.

Exilée depuis le mois de septembre 1868 et réfugiée en France, la Reine avait compris qu'en Espagne la majorité du pays était hostile à son retour. Elle espérait, en renonçant à ses droits à la couronne, mettre un terme à l'anarchie qui désolait la Péninsule et rallier à son fils, celui qui régna plus tard sous le nom d'Alphonse XII, les sympathies du peuple espagnol.

En même temps, on apprenait que le général Prim offrait le trône d'Espagne au prince Léopold, fils du prince Antoine, le chef de la branche cadette des Hohenzollern-Sigmaringen.

Quelques années auparavant, en 1865, j'avais eu l'occasion de voir aux fêtes de Compiègne le prince de Hohenzollern, ainsi que la princesse Antonia sa femme, duchesse de Saxe, infante de Portugal, fille du roi Dom Ferdinand. Mariée en 1861, à l'âge de seize ans, la princesse était alors dans tout l'éclat de sa rare beauté. Grande, élancéo, très blonde de cheveux, très blanche de teint, elle avait les traits fins d'une statue grecque, avec beaucoup de grâce et d'élégance. On disait que le roi de Prusse, fort admirateur de la beauté, tenait à couronner ce front charmant. Il y eut là, assurément, beaucoup plus que des convenances de famille.

Le prince Léopold était un joli homme insignifiant : « le petit », comme on le nommait familièrement à la cour de Prusse et dans la diplomatie, au moment même où son nom devenait le prétexte d'événements formidables.

La nouvelle de cette candidature agita violemment l'opinion. Les récentes annexions, l'affaire des Duchés avaient dévoilé l'esprit de conquête de la Prusse, qui venait d'écraser l'Autriche à Sadowa. Dans tous ses discours, le Roi de Prusse proclamait que l'œuvre de l'unité allemande n'était point accomplie. La France ne pouvait rester indifférente à la prétention d'établir, de l'autre côté de notre frontière des Pyrénées, un prince de la maison de Prusse, proche parent du Roi. C'était l'abandon de la politique séculaire inaugurée par Louis XIV, qui, en plaçant son petit-fils sur le trône d'Espagne, indiquait l'intérêt que nous avions à nous allier d'une façon intime à nos voisins. Plus tard, la même politique était suivie par l'empereur Napoléon Ier, qui faisait régner en Espagne son frère le roi Joseph; et, par le gouvernement de Juillet, qui concluait le mariage du duc de Montpensier avec une Infante.

Les négociations engagées entre le gouvernement français et le gouvernement prussien, à la suite de cet incident, se poursuivirent rapidement.

Dès l'origine du conflit, on savait le général Prim prêt à brusquer les événements et à se passer de l'intervention des Cortès, pour donner aux projets de la Prusse sur l'Espagne la force d'un fait accompli. Il fallait donc se hâter.

A cette époque, le roi Guillaume se trouvait à Ems, où il avait l'habitude de venir chaque année faire une cure. C'était pendant cette période de l'été où il semble que, d'un commun accord, tous les hommes d'État prennent quelque repos. En Prusse comme en France, le corps diplomatique était dispersé. Le comte de Bismarck s'était retiré dans sa propriété de Varzin et le Roi à Ems où semblait avoir d'autre souci que de boire des verres d'eau. Notre ambassadeur à Berlin, le comte Benedetti, faisait lui-même une saison à Carlsbad. C'est là qu'il reçut du ministre des affaires étrangères, le duc de Gramont, l'ordre d'avoir à rejoindre le Roi de Prusse, afin de lui présenter les observations du gouvernement de l'Empereur, au sujet de la candidature du prince Léopold.

C'est à Ems que le Roi avait reçu la notification des propositions faites par le général Prim. C'est à Ems que se poursuivirent les négociations, auxquelles le Roi s'attacha à conserver un caractère tout personnel, éloignant l'ingérence de son gouvernement dans cette affaire, qu'il traita seul, directement avec notre ambassadeur. C'est à Ems que le 14 juillet le comte Benedetti prit congé du Roi de Prusse. C'est là que, sur la promenade, l'on voit une plaque commémorative, une dalle de deux pieds environ indiquant la place exacte qu'occupait le roi Guillaume lors de son dernier entretien avec l'ambassadeur de France. Une simple date, « 14 juillet 1870 », a été gravée sur la pierre. Chaque année au 4 septembre, des couronnes de fleurs y sont déposées.

Tant d'événements se sont succédé depuis cette époque, qu'il est nécessaire de rappeler succinctement les incidents diplomatiques qui aboutirent à la déclaration de guerre.

L'offre du trône d'Espagne, faite au prince de Hohenzollern par le général Prim était officiellement déclarée le 3 juillet 1870, mais ce n'était pas un incident nouveau pour notre diplomatie.

En effet, dès le mois de mars 1869, l'ambassade française à Berlin avait connaissance de négociations occultes, engagées à ce sujet entre la chancellerie prussienne et les chefs du gouvernement espagnol.

L'attention de notre ambassadeur, le comte Benedetti, avait été éveillée par un voyage à Berlin, assez mystérieusement entrepris par M. Rancès, ambassadeur d'Espagne à Vienne, autrefois accrédité en la même qualité auprès de la cour de Berlin.

Informé de ce fait, notre ministre des affaires étrangères envoyait au comte Benedetti l'avis d'avoir à s'éclairer.

Déjà, le nom du prince Léopold de Hohenzollern, dont le frère était allé régner en Roumanie en 1866, avait été cité avec ceux du duc d'Aoste et du duc de Montpensier, comme celui d'un candidat possible à la couronne d'Espagne.

L'Empereur s'émut de cette éventualité.

— La candidature du duc de Montpensier est purement antidynastique, avait-il dit. Elle n'atteint que moi : je puis l'accepter. La candidature du prince de Hohenzollern est essentiellement antinationale : le pays ne la supportera pas, il faut la prévenir.

Notre ambassadeur dut informer le gouvernement prussien que la France ne se prêterait pas à l'exécution de ses projets.

Dans un entretien qu'il eut avec le baron de Thile, sous-secrétaire d'État, le comte Benedetti recevait l'assurance que, lors de son voyage à Berlin, M. Rancès, l'homme d'État espagnol, n'avait fait aucune proposition à un prince de la famille du roi. Suivant le baron de Thile, afin de pourvoir à la vacance du trône, les Cortès partageraient leurs voix entre le duc d'Aoste et le duc de Montpensier, et les votes se réuniraient sur celui des deux princes qui accepterait leurs propositions. M. de Thile fut tellement net dans ses affirmations qu'il n'hésita pas à engager sa parole d'honneur. Mais il pouvait ignorer le fond de la pensée du Roi.

Peu de temps après, le comte Benedetti provoquait des explications directes de Monsieur de Bismarck lui-même.

« Le Président du conseil, écrivait-il le 11 mai
« 1869, n'a pas cherché à décliner la conversa-
« tion sur ce sujet. Il m'a représenté que la can-
« didature du Prince Léopold ne saurait avoir
« qu'une durée éphémère et qu'elle l'exposerait
« à plus de dangers encore que de mécomptes.
« Dans cette conviction, m'a-t-il dit, le Roi, qui
« ne veut pas saisir son gouvernement de cette
« affaire, s'abstiendrait certainement de donner
« au Prince, le cas échéant, le conseil d'acquies-
« cer au vote des Cortès. Le Prince Antoine
« partage cet avis, a ajouté Monsieur de Bis-
« marck, et il a pu se persuader par la nécessité
« où il s'est trouvé d'aller au secours du Prince
« Charles de Roumanie, combien la puissance
« souveraine est onéreuse pour sa fortune per-
« sonnelle; il n'est nullement disposé à la com-
« promettre pour aider son fils aîné à monter

« sur le trône d'Espagne. Sans me dissimuler
« qu'il avait eu l'occasion de conférer à ce sujet
« avec le Roi et avec le Prince Antoine, Mon-
« sieur de Bismarck s'est renfermé dans les ob-
« servations que je viens de vous indiquer en
« substance. »

Plus loin, Monsieur Benedetti ajoute : « Si je
« m'en rapportais à l'expérience que j'ai acquise
« du sens qu'il convient d'attacher au langage du
« Président du conseil, j'inclinerais à croire
« qu'il ne m'a pas exposé sa pensée tout entière.
« Je lui ai fait remarquer que le Prince Léopold
« ne pouvait déférer au vœu des Cortès sans
« l'assentiment du Roi; et que Sa Majesté aurait
« donc à dicter au Prince la résolution qu'il de-
« vait prendre en pareille circonstance. Monsieur
« de Bismarck l'a reconnu. Mais, au lieu de
« m'assurer que le Roi était irrévocablement dé-
« cidé à lui recommander l'abstention, il est re-
« venu sur les périls dont serait entouré, dès
« son avènement, le nouveau souverain d'Es-
« pagne. Il a continué en émettant l'avis qu'il
« ne sera, au surplus, procédé à l'élection d'au-
« cun Prince; que les vues ambitieuses et per-

« sonnelles des hommes qui se sont emparés du
« pouvoir en Espagne y mettraient un obstacle
« plus sérieux qu'on ne le suppose généralement,
« et il a cité le nom du général Prim. Voulant le
« déterminer à préciser exactement la portée de
« ses paroles, j'ai répliqué que j'aurais soin de
« vous faire part de ses apprécations, et j'ai re-
« présenté que si le gouvernement de l'Empereur
« observait, avec une entière circonspection, les
« événements dont l'Espagne était le théâtre, il
« avait cependant un intérêt de premier ordre à
« en suivre le développement. Monsieur de Bis-
« marck a repris, sans y rien ajouter, les expli-
« cations qu'il m'avait déjà données. Il m'a appris
« toutefois que *le Prince Frédéric-Charles aurait*
« *été disposé à courir une aventure en Espagne;*
« c'est en ces termes qu'il s'est exprimé; mais
« qu'il s'élevait devant lui une difficulté insur-
« montable, celle de la religion, qui ne pourrait
« être vaincue aux yeux du peuple espagnol,
« même au moyen d'une conversion. S'il s'est
« montré officier vaillant et distingué, a-t-il
« ajouté, ce Prince, d'ailleurs, n'avait jamais fait
« preuve d'aptitudes politiques et ne saurait pas

« se conduire au milieu des complications qui
« surviendraient en Espagne. »

L'objection de Monsieur de Bismarck sur le Prince Frédéric-Charles, concernant la religion, n'existait pas pour le Prince Léopold, la branche cadette des Hohenzollern appartenant à la religion catholique. Cette différence de culte, qui crée parfois des difficultés dans la politique intime de la cour de Prusse, ménage cependant, pour la maison de Hohenzollern, des alliances avec les familles princières des grandes puissances catholiques.

En ressaisissant les fils déliés de cette intrigue, on trouve le gouvernement prussien secrètement résolu à laisser s'insinuer dans la pensée des gouvernements européens la possibilité de la domination prussienne en Espagne, où l'influence de la France était le plus directement intéressée.

Il faut être bien aveugle ou bien étranger à la portée des expressions diplomatiques, pour ne pas reconnaître ce qui se cachait sous ces explications. Chaque parole d'un homme d'État comme Monsieur de Bismarck a un but calculé. Si, d'une part, il insinue que l'accès au trône d'Espagne du

Prince Léopold ne saurait être qu'une aventure éphémère, on ne peut se méprendre sur l'intention avec laquelle il laisse tomber négligemment, dans le cours de ce grave entretien, le nom du Prince Frédéric-Charles. Cette parole incidente ne révèle-t-elle pas un plan habilement concerté par la Prusse, pour nous menacer, à un moment donné, en enveloppant nos frontières du cercle de ses canons?

Deux princes prussiens sont là, sous la main du grand homme d'État, qui pourra choisir l'un d'entre eux, suivant que les événements se développeront dans un sens ou dans l'autre.

Le Prince Frédéric-Charles, l'un des vainqueurs de Sadowa, ardent à la lutte, n'hésiterait pas à briser sous une main de fer toutes les résistances d'un peuple moralement conquis. L'autre, le Prince Léopold, un jeune homme sans consistance, mais appartenant à la religion catholique, époux d'une Infante de Portugal, d'une Princesse, qui se rapprocherait de sa patrie, et sur les grâces de laquelle on pouvait fonder quelque espoir pour captiver l'aristocratie madrilène, très accessible au charme des relations mondaines.

Si, comme le déclarait le chancelier, le Prince Antoine de Hohenzollern ne voulait pas exposer sa fortune personnelle, une des plus grosses fortunes princières de l'Europe, dans les entreprises politiques de ses enfants; si le Prince Léopold redoutait les passions révolutionnaires qu'il allait soulever en déchaînant la guerre civile à outrance, chez un peuple décidé à résister à sa domination; si le Roi de Prusse se désintéressait de la question; si le gouvernement prussien n'en était pas avisé; si les hommes politiques, en Espagne, réservaient la vacance du pouvoir dans un but d'ambition personnelle, qui donc avait continué sourdement les menées qui aboutissaient, au mois de juillet 1870, à l'offre officielle du trône d'Espagne, faite par le général Prim au Prince Léopold de Hohenzollern et acceptée par lui?

La question étant entrée dans cette phase nouvelle, le Comte Benedetti demanda au Roi Guillaume, à titre de garantie, la sanction de son autorité souveraine, en interdisant au Prince Léopold l'acceptation de la couronne d'Espagne, d'une façon définitive.

Le Roi parut céder. Il consentit à donner avis

au Prince Léopold des difficultés que soulèverait son accès au trône d'Espagne, tout en insistant sur ce point, qu'il ne pouvait et ne voulait rien imposer comme souverain, ni prendre aucun engagement.

C'était là cependant l'essentiel pour nous.

A ce moment le Prince Léopold voyageait en Suisse. C'est par l'entremise de son père, le Prince Antoine de Hohenzollern, que sa résolution de renoncer au trône d'Espagne fut ʰifiée au cabinet de Madrid.

Le 12 juillet, Monsieur de Olozaga, l'ambassadeur d'Espagne à Paris, assistait à la séance du Corps législatif lorsqu'on lui apporta un télégramme dans la tribune du corps diplomatique. C'était la décision du Prince Léopold que son gouvernement lui annonçait. Après avoir pris connaissance de cette dépêche, il la montra au Baron de Beyens, ministre de Belgique, qui la lut. Puis, il s'empressa de la communiquer au Président du Conseil pendant la séance même.

C'est par cette voie indirecte, avec un sans-gêne diplomatique presque dédaigneux, l'ambassade de Prusse ayant gardé le silence vis-à-vis du cabinet français, qu'une solution aussi grave, qui tenait en suspens toutes les forces du pays, nous fut notifiée.

Néanmoins, Monsieur Émile Ollivier en témoigna une joie très vive et, traversant la salle des pas-perdus, pour porter sans retard la nouvelle à l'Empereur, il agitait la dépêche en disant :

— C'est la paix, c'est la paix !

La nouvelle se répandit dans Paris avec la rapidité de l'éclair. A la Bourse, des fortunes furent faites et défaites dans cette journée.

Précédemment, le gouvernement avait tenté des démarches dans le but d'obtenir une intervention diplomatique des cabinets européens, et, le 8 juillet, avant que cette réponse ne fût connue, Lord Lyons avait écrit à Lord Granville, en traitant la question au nom du Duc de Gramont, afin de s'assurer si le concours du gouvernement anglais pouvait être acquis dans le sens d'une intervention des puissances étrangères.

Dans une conversation tenue entre le Baron de Werther et le Duc de Gramont, aussitôt après la communication de la dépêche, notre ministre des affaires étrangères concluait en disant que, sans doute, la volonté du Roi avait dû agir sur la décision du Prince Léopold. Le Baron de Werther repoussa formellement cette interprétation.

« — Je contredis cette opinion, écrivait-il à son
« gouvernement, et je déclarai la renonciation
« comme émanant certainement de la propre ini-
« tiative du Prince de Hohenzollern. »

Pendant que ces événements s'accomplissaient, Monsieur Benedetti, à Ems, pressait le Roi d'écarter un conflit dont les conséquences étaient si redoutables, entre deux puissances militaires telles que la France et la Prusse. Le Roi déclarait de nouveau que le gouvernement français devait considérer comme une satisfaction suffisante le désistement du Prince Léopold ; et que lui-même ne lui imposerait rien comme souverain, après l'avoir autorisé à accepter le trône d'Espagne comme chef de famille.

Vainement notre ambassadeur représenta au Roi que ce projet ayant déjà été abandonné et repris plusieurs fois, la parole du Roi pouvait seule rassurer le gouvernement français sur la suite de ses intentions. Le Roi demeura inébranlable.

Le 14 juillet au matin, le Comte Benedetti se rencontrait à la promenade avec le Roi. Il lui demanda de lui accorder une nouvelle audience, afin de lui présenter encore quelques observations. Le Roi répliqua que cette démarche était inutile, qu'il n'avait rien à ajouter à ses déclarations précédentes, et il s'éloigna.

En réalité, le Roi Guillaume voulait rester l'arbitre absolu de la situation. Il prétendait placer la France sous le régime de l'appréhension perpétuelle. La nécessité de pourvoir à la vacance du trône en Espagne s'imposait à l'Europe. Si, au mépris de ses intérêts, la France laissait un prince prussien s'établir sur sa frontière des Pyrénées, c'était un affaiblissement moral dont les conséquences étaient incalculables. La Prusse avait trouvé le point sensible par lequel elle pouvait blesser le plus sûrement notre dignité nationale. Choisissant son heure avec une habileté diplomatique sans égale, on nous avait amenés à prendre l'initiative d'une déclaration de guerre, lorsque ce dessein était dès longtemps arrêté dans l'esprit du Roi.

Des prophètes après coup ont affecté de dire

que l'avènement au trône d'Espagne d'un prince prussien était un incident sans conséquence; et que le peuple espagnol aurait fait prompte justice d'une domination antipathique à son génie national.

La Prusse a de terribles étreintes. Nos malheureuses provinces de l'Est nous en fournissent un exemple cruel.

Dès le 15 juillet, le Kronprinz annonçait officiellement au public la mobilisation de l'armée et de la marine.

On peut lire dans le journal publié après sa mort cette phrase significative :

16 juillet. — « L'Allemagne se lève comme un
« seul homme. Elle fera son unité. »

CHAPITRE II

Hostilité de la Prusse. — La Comtesse de Pourtalès. — Le Général Blumenthal et Lord Albermale. — 1867. — L'Exposition. — Les souverains à Paris. — L'Empereur de Russie. — Attentat de Berezowski. — Monsieur Raimbeaux. — Bal à l'ambassade de Russie. — Arrivée du Roi de Prusse à Paris. — Monsieur de Bismarck. — Les Buttes-Chaumont. — Le Maréchal de Moltke et l'eau de Paris. — Un tour de valse avec Monsieur de Bismarck.

Depuis plusieurs années, les amis de la France ayant occasion d'aller en Prusse étaient frappés des sentiments antifrançais, qui se manifestaient publiquement de l'autre côté du Rhin.

En 1868, la Comtesse de Pourtalès faisait à Berlin des visites de famille et assistait à un dîner donné en son honneur par le Comte Schleinitz, ministre de la maison du Roi. Monsieur de Schleinitz, fort empressé auprès de la belle Comtesse, lui reprochait ses préférences pour Paris, et lui exprimait son regret de ne pas la voir choisir Berlin comme résidence.

— Je suis Alsacienne, lui répondit la Comtesse, c'est vous dire combien j'aime la France!

— Eh bien! puisque vous ne voulez pas, dès maintenant, nous revenir, lui répliqua le Comte Schleinitz, il faudra donc que nous allions reprendre la belle Alsace. Avant dix-huit mois, elle sera province prussienne et, alors, nous vous aurons avec elle.

Durant tout le voyage qu'elle fit alors, Madame de Pourtalès fut frappée de l'animosité, qui se montrait à découvert contre nous.

A son retour en France, elle vit l'Empereur à Compiègne, et, avec beaucoup d'émotion, lui fit part des observations qu'elle avait recueillies.

— A travers quels gros nuages ces beaux yeux bleus ont-ils donc vu l'avenir? lui dit l'Empereur. Pour faire la guerre, il faut être deux, et nous ne la désirons pas.

Quelque temps auparavant, le général Blumenthal, étant allé en Angleterre, chassait dans les environs de Norfolk avec Lord Albermale, qui lui exprima le désir d'aller à Berlin, afin d'assister aux manœuvres de l'armée prussienne.

— Ne prenez pas cette peine, lui dit le général prussien : nous donnerons bientôt pour vous une grande revue au Champ de Mars de Paris.

En septembre 1869, le colonel Stoffel avait été invité par le Roi Guillaume, ainsi qu'un grand nombre d'officiers étrangers, à assister aux manœuvres du premier corps d'armée, en Poméranie. Se trouvant à Stettin, son uniforme fut reconnu. Aussitôt sa voiture est entourée, assaillie de pierres et de graviers :

— Chien de Français ! lui criait-on, en l'apostrophant d'injures grossières.

Monsieur Stoffel, ne voulant pas soulever un incident, prétexta des affaires urgentes ; il pria le Roi de l'excuser et se retira aussitôt.

Aucun uniforme français n'avait été vu, paraît-il, dans ces contrées éloignées, depuis 1813. Pendant ce temps, les officiers prussiens étaient traités chez nous avec la plus parfaite courtoisie.

Dès le 3 juillet 1858, la *Gazette d'Augsbourg* s'exprimait ainsi :

« Si l'Allemagne le veut, elle pourra mieux
« que la France, mieux encore que la Russie, de-
« venir une puissance maritime de premier ordre.
« S'il le faut, elle peut rompre à la fois la paix avec
« son voisin de l'Est, la Russie, son voisin de
« l'Ouest, la France, rejeter les Français au delà
« des Vosges, les Russes au delà de la Vistule, dé-
« livrer l'Alsace, la Lorraine et la Baltique de
« l'Union contre nature dont elles font aujour-
« d'hui partie; enfin dicter la paix dans Paris
« comme dans Saint-Pétersbourg. Voilà ce qui
« pourrait arriver, l'Allemagne étant unie. Voilà
« ce que l'on sait à Paris comme à Saint-Péters-
« bourg. Que l'Allemagne n'épargne donc aucun
« sacrifice pour l'accroissement de ses forces. »

Cependant l'Empereur était loin de méconnaître
de tels avertissements. En voyant la Prusse, la
Russie, l'Autriche, l'Italie augmenter leurs armées et porter jusqu'à douze et quinze cent mille,
le nombre des hommes susceptibles d'être appelés sous les drapeaux, l'Empereur résolut d'entreprendre une transformation militaire, en rapport
avec les nouveaux armements. S'entourant de
l'avis des hommes de guerre les plus compétents,

des Niel, des Canrobert, des Mac-Mahon, des Trochu, l'Empereur constitua une commission supérieure dont il se réserva la présidence et qui reçut la mission d'élever le rôle de notre armée à la hauteur de ce que l'on nomme, hélas! le progrès moderne.

A cette époque, en 1866, l'effectif de nos forces militaires était de 650 000 hommes. La commission jugea que, pour conserver à la France son rang de grande puissance, il lui fallait une armée de 800 000 combattants, soutenue par une réserve de 400 000 hommes. On étudia toutes les combinaisons qui devaient rendre cette charge moins lourde au pays et on décida la création d'une garde nationale mobile, qui étendait les obligations militaires et dans laquelle les hommes libérés resteraient incorporés pendant un certain nombre d'années.

Une note, parue au *Moniteur* le 12 décembre 1866, annonçait ces nouvelles dispositions.

« — Ce projet, disait la note, donne à la France
« 1 200 000 soldats exercés et n'augmente que
« faiblement les charges du budget. Elle disci-
« pline la nation bien plus dans un but de défense,

« que dans un but d'agression et la rend capable
« de défier toutes les invasions. »

L'opposition critiqua ces accroissements militaires et les attribua à des vues personnelles. C'était l'œuvre du césarisme. L'Empereur voulait militariser la nation pour mieux l'asservir et étouffer les aspirations libérales sous le despotisme militaire.

Le projet soumis au Corps législatif souleva les plus vifs débats. Monsieur Jules Favre protesta éloquemment à la tribune.

« — On nous dit qu'il faut que la France soit
« armée comme ses voisins; que sa sécurité est
« attachée à ce qu'elle soit embrigadée, cuirassée,
« qu'elle ait dans ses magasins des monceaux de
« poudre et de mitraille. Ma conscience proteste
« contre de semblables propositions. »

Monsieur Magnin ajoutait :

« — Les armées permanentes, en théorie, sont
« jugées et condamnées. L'avenir appartient à la
« démocratie armée. »

Enfin, Monsieur Thiers, apportant à ses collègues l'autorité de sa parole et la connaissance que ses études approfondies lui avaient donnée des choses militaires, après avoir longuement motivé ses observations, sur les chiffres présentés par la commission comme étant ceux des différentes armées de l'Europe et notamment de la Prusse, s'écriait :

« — *Ces chiffres-là sont parfaitement chimé-*
« *riques.* C'est que, Messieurs, il ne faut pas se fier
« à cette fantasmagorie de chiffres qui sont étalés
« aujourd'hui dans toute l'Europe..... Comment!
« l'Italie aurait 900 000 hommes à nous opposer,
« la Prusse en aurait 1 300 000, ce qui ferait
« 2 200 000 soldats sous les armes entre ces deux
« puissances. Allons donc! *Ce sont là des fables*
« *qui n'ont jamais eu aucune réalité.* » (*Moniteur*
« du 1ᵉʳ janvier 1868.)

« — J'espère, disait Monsieur Jules Simon,
« qu'on nous rendra cette justice, que toutes les
« fois qu'il a été question d'organiser ce qu'on ap-
« pelle la paix armée, on nous a trouvés en tra-
« vers de toutes les mesures proposées pour ar-
« river à ce but. »

Le projet de loi présenté par le gouvernement subit des modifications si graves, que l'Empereur, voyant son but de sécurité nationale détruit, se décida à le retirer. On le représenta plus tard, mais tellement diminué, que l'esprit de la loi n'existait plus.

Le Corps législatif était à la fin d'une législature. Toute demande de crédit pour l'armée soulevait des protestations. Le maréchal Niel demandait 1 800 000 chassepots, on lui en accorda 1 200 000. Il demandait 110 millions pour les fortifications, on lui en accorda 36. Il avait demandé 36 millions pour l'artillerie, on lui donna 2 millions et demi.

Le général Ducrot, qui avait étudié toutes les ressources stratégiques du corps d'armée qu'il commandait à Strasbourg, exposa à l'Empereur, dans un voyage que le souverain fit en 1869, un plan complet dans le but de créer un camp retranché destiné à protéger toute notre frontière d'Alsace. L'Empereur approuva le plan du général Ducrot. Il fallait des crédits considérables pour constituer cette barrière stratégique. On dut en ajourner l'exécution.

Le dédain des choses militaires manifesté par le parti de l'opposition libérale et la trompeuse confiance, dans laquelle on cherchait à s'endormir, avaient un écho jusque parmi les amis les plus dévoués du gouvernement Impérial.

En 1869, lors des élections générales, les professions de foi de la plupart des députés sont basées sur des promesses de désarmement.

L'Empereur éprouva une véritable douleur en voyant un grand nombre de ceux qui jusqu'alors avaient été attachés à sa politique, entrer dans cette voie qu'il considérait comme funeste.

L'Empereur avait en grande estime l'esprit et les talents du colonel Stoffel, qui fut longtemps attaché militaire à Berlin. Ses travaux si remarquables, ont, aujourd'hui, le plus haut intérêt pour tous ceux qui se sont préoccupés des questions militaires et diplomatiques. Ses rapports faisaient souvent l'objet des entretiens de l'Empereur; il les lisait attentivement et les annotait de sa main. On traitait même de manie sa confiance en cet officier si distingué et, souvent, lorsque l'Empereur paraissait préoccupé, j'ai entendu répéter aux personnes de son service :

— Sans doute, il est encore arrivé un rapport de Stoffel.

Par certaines recherches militaires, Monsieur

Stoffel avait pris part à la publication de l'*Histoire de Jules César*, cette œuvre qui fut pour l'Empereur, durant plusieurs années, un délassement d'esprit. On attribuait aux bons souvenirs de cette collaboration les sympathies de l'Empereur pour le colonel Stoffel et le prix qu'il attachait à ses communications. Parfois même on en plaisantait.

En 1869, on eut la pensée d'adjoindre au colonel Stoffel, comme second attaché militaire à Berlin, le capitaine Hepp, officier distingué, qui faisait également partie de la maison de l'Empereur. Il vint à Compiègne recevoir des instructions avant son départ en mission. C'était au milieu d'une série de fêtes. Le Duc de Gramont s'y trouvait, je l'entends encore dire à Monsieur Hepp :

— Je me félicite du choix que l'on a fait de vous ; j'espère, mon cher capitaine, que vous n'allez pas être, comme Stoffel, un oiseau de malheur qui voit tout en noir.

Une circonstance fortuite vint entraver le départ du capitaine Hepp qui n'alla pas à Berlin.

D'après Monsieur Stoffel, la guerre avec la France était devenue une question vitale. Depuis

1813, la Prusse cherchait à s'unifier avec l'Allemagne, en la dominant. Jusqu'en 1866, c'est une aspiration irréalisable par suite de la faible étendue de son territoire et du chiffre relativement médiocre de sa population (dix-huit millions d'habitants).

Le colonel Stoffel expose la situation d'une manière frappante :

« Tout d'un coup, cette puissance se révèle au
« monde par le coup de foudre de 1866, dit-il,
« dans un de ses remarquables rapports mili-
« taires (12 août 1869). Hercule se sent homme.
« Aussitôt cette prétention à dominer toutes les
« races germaniques ne connait plus de bornes...

. . . .

« Ce fait admis comme incontestable, ajoute
« Monsieur Stoffel, il en est un autre qui frappe
« l'esprit. Qu'on se demande pourquoi la Prusse
« ne s'est pas emparée de tous les États alle-
« mands après la bataille de Kœniggrätz ou
« pour quelle raison elle ne déploie pas aujour-
« d'hui plus d'audace pour réunir les États du
« Sud à ceux de la Confédération du Nord ? Il
« n'est personne qui ne réponde sur-le-champ :

« C'est par la crainte d'une guerre avec la
« France.

« Et, en effet, de quelque côté que la Prusse
« dirige ses regards, elle n'aperçoit que la France
« pour la gêner dans l'accomplissement de ses
« desseins.

« Qu'on veuille bien considérer que la nation
« prussienne est pleine de fierté, de vigueur et
« d'ambition; qu'elle a, au plus haut point, le
« sentiment de sa propre valeur; qu'historique-
« ment, elle considère la France comme l'ennemi
« séculaire, et on se fera facilement une idée
« des sentiments de méfiance, d'amertume, de
« haine qu'a fait naître chez elle, à l'égard de la
« France, la situation issue des événements de
« 1866...

« Le peuple prussien est tout aussi fier que le
« peuple français, plus pénétré de sa propre
« valeur; il est énergique, tenace, ambitieux,
« plein de qualités estimables et solides; mais
« rude, passablement arrogant et dépourvu de
« toute générosité. Et c'est ce peuple qui a entre
« pris de résoudre, quoi qu'il en coûte, l'unité
« allemande, quand la France ne peut et ne veut

« y consentir. Et ce litige si grave s'est élevé
« entre deux nations également susceptibles et
« fières, ambitieuses et puissantes, qui se regar-
« dent comme des ennemies séculaires; qui se
« sont infligé l'une à l'autre, au commencement
« de ce siècle, les plus sanglants affronts; entre
« deux nations que tout divise, la langue, la reli-
« gion, les tendances, les caractères! On doit
« donc s'y attendre; le conflit naîtra, un jour,
« terrible et acharné. »

De telles appréciations dépeignent d'une façon saisissante l'état de nos relations avec la Prusse.

Mille indices révélateurs n'ont-ils pas dévoilé d'autre part les secrètes menées du gouvernement prussien? Cette nuée d'espions aux aguets dans tous les coins du territoire, cachés sous la blouse de l'ouvrier, sous la livrée du valet, sous le ballot du colporteur ou du musicien ambulant, que nous avons vus disparaître à un moment donné, pour revenir plus tard, guidant les troupes prussiennes, ayant une connaissance intime de la topographie de nos campagnes et tendant, avec une bonhomie inconsciente, leur large main à l'affront d'un refus.

Monsieur de Moltke lui-même n'avait pas dédaigné de visiter la Lorraine, en touriste, un crayon à la main. La Prusse, enfin, n'avait-elle pas opposé un refus formel à la proposition faite par l'Empereur d'un désarmement simultané ?

En 1867, au moment de l'Exposition universelle, lorsque l'Empereur convoquait toutes les nations à cette lutte pacifique où chacune déployait son goût et son génie, c'est un canon Krupp que la Prusse nous envoyait, sinistre avant-coureur de ses desseins.

Les années s'écoulent vite. En 1870, nous avions tous présent à l'esprit le souvenir de ces fêtes qui amenèrent à Paris tous les souverains de l'Europe.

Durant cette courte période de trois années, de profonds changements s'étaient opérés chez nous et autour de nous.

Lorsqu'en 1867 l'Empereur et l'Impératrice inauguraient l'Exposition universelle, qui eût pu prévoir que ces acclamations de fête devaient être sitôt suivies de deuil ; que des déchirements dignes de la barbarie allaient remplacer cette émulation de tous les peuples fraternisant dans une admirable manifestation de l'industrie et du génie humain ?

Le 1ᵉʳ avril 1867, quand les Daumont qui conduisaient l'Empereur et l'Impératrice avaient quitté les Tuileries vers une heure, les Champs-Élysées étaient envahis par une foule immense accourue au-devant du souverain, afin de lui témoigner par un ardent enthousiasme sa gratitude pour la prospérité, pour l'ordre, le bien-être qui régnaient alors dans le pays. Chacun semblait fier de déployer aux yeux des étrangers accourus tous les trésors de la patrie prospère. C'est au milieu d'une ovation triomphante que Leurs Majestés arrivaient au Champ de Mars, par une des grandes avenues nouvellement ouvertes, qui avaient ajouté, vers l'Ouest, comme une aile de plus à la cité.

Les représentants des grands corps de l'État, la famille impériale, la cour, le corps diplomatique attendaient l'Empereur et l'Impératrice devant la grande entrée de l'Exposition ouvrant sur l'avenue de La Bourdonnais. L'immense vestibule de cent mètres de long, décoré de trophées, d'arbres exotiques, de statues, de fontaines jaillissantes, était encombré par la foule des exposants.

Chacun des grands États de l'Europe avait délégué pour le représenter comme président d'honneur l'un des princes le plus proches du trône. C'étaient pour l'Angleterre le Prince de Galles, le Prince d'Orange pour la Hollande, le Prince de Leuchtenberg pour la Russie ; pour la Belgique le Comte de Flandre, nouvellement fiancé à une Princesse de Hohenzollern ; pour l'Italie le duc d'Aoste.

Pendant les quelques mois que dura l'Exposition de 1867, l'Empire toucha à son apogée.

La France, par un développement prodigieux de sa richesse, attirait à elle les capitaux de toutes les nations. Par la fermeté, par la dignité de son gouvernement, l'Empereur l'avait placée au premier rang parmi les grandes puissances.

On a fait un reproche à l'Empire d'avoir attiré à Paris tous les princes de l'Europe, qui venaient, disait-on, pour s'y amuser. La généreuse hospitalité de l'Empereur, son prestige, la grâce de l'Impératrice, l'élégance d'une cour où les agréments de l'esprit, l'attrait des arts, tous les luxes se réunissaient pour captiver les hôtes de la France : c'était là le secret de ce charme, qui amenait chez nous l'élite du monde entier, dont Paris semblait devenu la capitale.

Aujourd'hui on y passe, on y flâne, mais on n'y est plus retenu.

En 1867, l'immense étendue de l'Exposition universelle couvrait tout l'espace du Champ de Mars. Sept enceintes, enveloppées d'un parc né comme par magie, se communiquaient librement, enfermant dans leurs cercles concentriques un vaste jardin de forme ovale.

Au centre s'élevait le pavillon destiné à recevoir les diamants de la couronne, cette rare collection de pierreries aujourd'hui dispersée.

Chacune des enceintes était consacrée, suivant son étendue, aux machines, à l'agriculture, aux beaux-arts, aux différentes branches de l'industrie. Chaque nation, réunissant ses produits, formait dans chaque galerie un groupe, qui régnait depuis le centre jusqu'à la circonférence, en sorte que l'on trouvait réunis tous les produits d'une même nationalité, ou bien l'on pouvait, en suivant chaque cercle, comparer l'ensemble des productions de même nature.

L'éclat, l'élégance des fêtes, qui furent données

dans les différents palais, ne pourra jamais être surpassé.

« — La saison est féconde en princes et archiducs, » écrivait Monsieur Mérimée.

Cependant, une inquiétude vague hantait déjà les esprits. La popularité de l'Empereur n'avait jamais été plus éclatante, et les électeurs envoyaient à la Chambre Messieurs Gambetta, Jules Favre. Une députation des ouvriers du Faubourg Saint-Antoine demandait à célébrer, le 14 juillet, la prise de la Bastille. Malgré la réunion courtoise de tant de souverains, une rumeur de guerre semblait parcourir l'Europe, tandis qu'une conférence réunie à Londres cherchait à régler par une entente diplomatique la question litigieuse du Luxembourg, une des origines de la guerre de 1870.

Quels sombres drames ont remplacé ces jours de fête! La France démembrée, l'Empire détruit. L'Empereur mourant en exil; son fils, le Prince impérial, massacré au Zululand; le sultan Abdul Azis assassiné dans une intrigue de sérail; le Czar Alexandre II, le libérateur de son peuple, périssant victime du plus épouvantable attentat. Seul le Roi de Prusse, devenu Empereur d'Allemagne, eut une fin enviable.

L'hostilité, qui éclatait de toute part contre nous de l'autre côté du Rhin, n'avait pas été sans avoir quelque retentissement dans la population parisienne. Aussi l'arrivée du Roi de Prusse ne laissait pas que de préoccuper à la cour.

L'Empereur d'Autriche, le Prince de Galles, le Sultan Abdul-Azis, tous les princes étrangers rencontraient une curiosité sympathique et presque reconnaissante. On leur savait gré d'honorer de leur présence une période si brillante de notre vie nationale.

L'Empereur de Russie, le plus beau des hommes de son empire, était surtout l'objet d'un empressement particulier. Il était acclamé partout où il se montrait.

Cette phrase restée célèbre : « Vive la Pologne, Monsieur ! » dont le Czar fut salué en visitant le Palais de Justice, me fut répétée, peu de moments après qu'elle eut été prononcée, par un des généraux français qui avait l'honneur d'accompagner l'Empereur de Russie. Elle me fut redite sous le coup de l'indignation qu'on en avait ressentie. Cet incident pénible précéda de bien peu de jours l'attentat de Berezowski, un Polonais réfugié, qui usa de l'asile qu'on lui avait ouvert en tentant d'assassiner lâchement l'hôte auguste, qui se confiait à notre hospitalité.

L'injure et la balle sifflèrent au-dessus de la tête du Czar, qui les laissa passer avec le même dédain.

Cette apostrophe, qui depuis a donné lieu à bien des controverses, eut peut-être un avantage : elle provoqua autour du Czar une vigilance plus attentive encore.

Au retour de la grande revue qui eut lieu au champ de courses de Longchamps en l'honneur des souverains, la voiture de l'Empereur, où se trouvaient avec lui l'Empereur de Russie, le Czarewitz et le Grand-Duc Vladimir, revenait entourée d'une foule immense.

En arrivant auprès de la cascade, Monsieur Raimbeaux, écuyer de l'Empereur, qui avait l'honneur d'escorter ce jour-là, aperçut, du haut de son cheval et tout près de la voiture impériale, un homme levant le bras d'un geste prompt et dirigeant un pistolet sur le Czar : c'était Berezowski.

Monsieur Raimbeaux eut la présence d'esprit de se jeter en avant et, dans ce mouvement, il couvrit le Czar de son corps. Son cheval reçut la balle dans la tête, juste à la hauteur où Alexandre II se trouvait placé dans la voiture.

L'Empereur comprit aussitôt ce qui se passait ; il s'assura que personne n'avait été atteint et spontanément embrassa le Czar. Les grands-ducs se précipitèrent dans les bras de leur père, qu'ils couvraient de leurs corps comme pour le préserver. La foule, indignée, partageait l'émotion des souverains et voulait sur l'heure écharper l'assassin. Le bruit de cet attentat se répandit aussitôt et le retour des deux Empereurs fut salué, tout le long de la route, par une ovation frénétique.

Le soir même, un grand bal devait avoir lieu à l'ambassade de Russie. Le Czar voulut y assister. Lorsqu'il entra dans les salons, donnant le bras à l'Impératrice, il fut l'objet de la part de tous les assistants des manifestations les plus touchantes. Néanmoins, l'Empereur de Russie semblait irrité. Au milieu de ces hommages, il conservait son impassibilité souveraine. L'Impératrice, à ses côtés, se rapprochait comme pour préserver son hôte. Elle avait le visage animé d'une émotion profonde, et les diamants, qui constellaient son front, étaient moins brillants que ses yeux encore humides.

Monsieur Raimbeaux, très entouré, faisait le récit de l'événement, avec une modestie qui laissait dans l'ombre le rôle providentiel qu'il avait joué, en préservant par son sang-froid la vie de l'Empereur Alexandre.

Après le retour du Czar en Russie, Madame Raimbeaux reçut de l'Impératrice Marie-Fedorowna un riche présent, souvenir reconnaissant du rôle que son mari avait eu dans cette circonstance tragique.

Le Czar eut la magnanimité de l'oubli. En 1870, seul parmi tous les souverains de l'Europe, il ne se détourna pas de la France écrasée. C'est par son intervention que l'armistice de septembre et l'entrevue de Ferrières furent accordés. On en connaît les suites.

En 1867, lors de l'arrivée du Roi de Prusse à Paris, l'Empereur alla lui-même le recevoir à la gare du Nord, avec un cortège de gala. L'Empereur avait chargé l'amiral Jurien de la Gravière, un des hommes les plus aimables de la Cour, de s'occuper tout particulièrement de Monsieur de Bismarck, comptant sur l'agrément de sa conversation, pour que le premier Ministre ne pût s'apercevoir de certaines manifestations désagréables qu'on avait lieu de craindre.

La voiture où se trouvaient les deux souverains fut saluée des cris de : Vive l'Empereur ! La seconde, celle du Maréchal de Moltke, passa sans encombre; mais lorsque dans la troisième on aperçut la haute stature de Monsieur de Bismarck, revêtu de l'uniforme légendaire des cuirassiers blancs, sa tête caractéristique sous le casque à pointe, des cris discordants, quelques sifflets se firent entendre. Monsieur de Bismarck avait autant de finesse qu'on en peut avoir.

— Je vous suis très reconnaissant, Monsieur l'Amiral, dit-il à l'Amiral Jurien, qui s'efforçait de détourner son attention, mais je m'attendais à cet accueil et je n'en suis pas surpris. Nous autres hommes politiques, nous ne saurions plaire à tout le monde; il faut en prendre notre parti.

Sur ce ton, la conversation devint facile.

Du reste, ceux qui eurent alors l'occasion de voir Monsieur le Comte de Bismarck avaient conservé une impression très différente de ce que le public pense généralement de celui que l'on nomma depuis « le Chancelier de fer ».

Il avait, dans ses façons, la courtoisie d'un gentilhomme ; de la grâce dans l'esprit, et même cette pointe fine et légère, qu'on nomme dans tous les pays du monde l'esprit français.

Le Roi de Prusse devait habiter le pavillon de Marsan, aux Tuileries. Les voitures entrèrent par la cour du Carrousel. En passant sous l'Arc de Trajan, le Roi de Prusse dit à l'Empereur :

— Comme vous avez fait de belles choses depuis que j'ai passé ici.

C'était en 1814.

L'Empereur releva le compliment :

— La façon dont Votre Majesté y vient aujourd'hui est beaucoup plus heureuse pour les deux peuples.

Ces deux courtes phrases ne peignent-elles pas l'état respectif des esprits ?

La première excursion que le Roi de Prusse fit

dans Paris fut celle des Buttes-Chaumont. Regardant longuement la grande ville :

— Je suis venu ici en 1814, dit-il encore, repris par la série des souvenirs.

Et s'avançant, entouré de son état-major prussien, il fit en allemand l'historique de l'entrée des Alliés, désignant du geste les différents points qui avaient été occupés par les troupes prussiennes.

Le Roi Guillaume s'intéressait particulièrement à l'assainissement de la Capitale. La question des eaux le préoccupait beaucoup. Il désira visiter les égouts et les travaux de canalisation.

Le Préfet de la Seine, le Baron Haussmann, le reçut au réservoir de Ménilmontant et puisant à la source, il présenta au Roi de l'eau dans une coupe d'or. Le Roi la porta à ses lèvres et les personnes qui l'accompagnaient suivirent son exemple. C'étaient, entre autres, le Comte de Goltz ambassadeur à Paris, son frère aide de camp du Roi, le maréchal de Moltke. Mais le vieux Maréchal, ayant bu peut-être plus consciencieusement que les autres, fut assez sérieusement incommodé et il conserva, pendant plusieurs jours, un souvenir très désobligeant de l'eau de Paris.

A un grand bal donné à cette époque aux Tuileries, pendant le cotillon que je conduisais, la pensée malicieuse me vint d'offrir au Comte de Bismarck, retiré dans un coin d'où il regardait les danses, un bouquet de roses qui devenait le sgnal d'un tour de valse. Monsieur de Bismarck était alors l'objet de l'attention générale. Il accepta le bouquet et se conformant à l'invitation que je lui adressais, il me fit valser le mieux du monde à travers le tourbillon des danseurs.

Ce petit incident, peu en rapport avec la gravité de Monsieur le Comte de Bismarck et avec le rôle qu'il jouait déjà dans les affaires du monde, amusa beaucoup les souverains et les autres assistants, car on ne s'attendait guère à voir Monsieur de Bismarck se mêler au groupe de la jeunesse.

En me reconduisant à ma place, il enleva un bouton de rose artificiel, qui ornait le revers de son habit et me l'offrant :

— Daignez, Madame, me dit-il, le conserver en souvenir du dernier tour de valse que j'aurai fait dans ma vie, et que je n'oublierai pas.

CHAPITRE III

Le gouvernement parlementaire.— Le ministère du 2 janvier.— Monsieur Émile Ollivier et les Tuileries. — Madame Émile Ollivier. — Victor Noir. — Le Prince Pierre Bonaparte. — Monsieur Henri Rochefort. — Troubles à Paris. — Le Creuzot. — Les anarchistes. — Duel de Don Enrique de Bourbon et du Duc de Montpensier. — La comédie chez le Prince Impérial. — Séance du plébiscite dans la salle des États au Louvre. — Toilette de l'Impératrice. — Monsieur Haussmann.

Au commencement de l'année 1870, l'Empereur modifia profondément l'orientation de sa politique.

Le ministère libéral du 2 janvier, dont le programme était l'application très étendue du parlementarisme, fut accueilli avec un véritable enthousiasme. Les fonds haussèrent. La voie dans laquelle l'Empire entrait résolument fut généralement approuvée.

En appelant aux affaires des hommes nouveaux, l'Empereur laissait à l'écart les anciens, conseillers dont l'expérience l'avait si utilement secondé jusque-là. Les Rouher, les Baroche, les Persigny, les Drouyn de Lhuys, les Haussmann, tous ces hommes, dont les noms étaient depuis longtemps mêlés aux affaires de l'État, furent remplacés par Messieurs de Talhouët, Segris, Chevandier de Valdrôme, Louvet, Maurice Richard, par Monsieur Émile Olivier enfin, qui prit le titre de Garde des sceaux, Président du Conseil. C'est ce ministère, modifié au mois de mai suivant par l'arrivée de Monsieur le Duc de Gramont aux Affaires étrangères, qui présida à la déclaration de guerre.

Aux élections de 1853, Monsieur Émile Ollivier avait été envoyé à la Chambre par le département de la Seine. Avec Monsieur Jules Favre, le défenseur d'Orsini, Messieurs Ernest Picard, Hénon, Darimon, il forma le premier noyau de l'opposition à l'Empire. On les appelait les Cinq; aux élections de 1865, le groupe des Cinq devint le groupe des 43, pour s'augmenter encore.

Les revendications de ceux qui se nommaient les Libéraux s'élevaient déjà, orageuses et bruyantes.

Monsieur Émile Ollivier, par son talent, par son caractère intègre, par la place prépondérante qu'il occupait dans le parlement, était bien indiqué pour diriger l'évolution que de tous côtés on paraissait souhaiter.

De plus, le Duc de Morny, avec son esprit fin et pénétrant, avait dès longtemps jugé la valeur d'un adversaire tel que Monsieur Émile Ollivier. Par mille petits liens subtils il avait cherché à le rapprocher du pouvoir et l'avait insensiblement attiré sur un terrain nouveau.

Un voyage, que l'Empereur fit en Algérie en 1865, laissant la Régence à l'Impératrice, permit à Monsieur Émile Ollivier de franchir le seuil des Tuileries, sans provoquer trop de protestations dans le camp de ses amis.

L'Impératrice avait entrepris de supprimer le système cellulaire appliqué aux jeunes détenus, en le remplaçant par des pénitenciers agricoles. Monsieur Émile Ollivier s'était beaucoup occupé des questions sociales. Il fut appelé à faire partie de la Commission chargée d'élaborer le projet de loi. Il seconda les vues de la Régente, et le régime cellulaire pour les enfants fut aboli.

La Commission composée de quarante membres environ siégeait aux Tuileries en présence de l'Impératrice. Sa Majesté eut alors plusieurs entretiens particuliers avec le futur Garde des sceaux.

Pendant une de ces entrevues, une sorte de bourrasque s'était déchaînée subitement. Les vitres étaient ébranlées. Sous une poussée de vent, une des grandes fenêtres du cabinet de l'Impératrice céda et s'ouvrit brusquement, laissant pénétrer des tourbillons de pluie. L'Impératrice voulut repousser la fenêtre ; Monsieur Émile Ollivier lui vint en aide et tous deux parvinrent à la fermer.

— Espérons, Madame, lui dit Monsieur Émile Ollivier, que nos efforts réunis conjureront la tourmente humaine, comme nous venons de conjurer celle des éléments.

Le 27 juin, à la suite d'une séance de la commission des jeunes détenus, Monsieur Émile Ollivier rencontrait l'Empereur.

Telles sont les origines de son acheminement à la présidence du Conseil.

Monsieur Émile Ollivier, veuf en premières noces d'une fille de la Marquise d'Agoult, venait d'épouser une toute jeune femme, qui prit fort au sérieux son rôle d'épouse d'un homme d'État en évidence. Elle s'enthousiasma pour les idées du nouveau Ministre.

Le luxe, l'élégance lui paraissaient peu en rapport avec une époque démocratique. Elle eut le courage d'inaugurer une mise toute personnelle.

La première fois qu'elle parut aux Tuileries dans un grand dîner officiel, bien que l'étiquette à la Cour fût d'être le soir en robe décolletée, elle portait une robe de gaze blanche montante sans dentelles, ni bijoux, avec quelques brins de bruyère naturelle, négligemment piqués dans ses jolis cheveux blonds. Cette simplicité seyait à la fraîcheur de ses vingt ans, car elle était tout à fait charmante. Cependant Madame Émile Ollivier n'eut pas d'imitatrice. Elle n'en continua pas moins à voiler ses épaules et ses bras, et à proscrire toute parure.

Elle faisait aimablement les honneurs de l'hôtel de la Place Vendôme, et le petit air de gravité qu'elle cherchait à prendre s'alliait très agréablement à la sérénité de son visage ingénu.

Madame Émile Ollivier n'avait aucun goût frivole. Elle s'intéressait aux plus graves questions et je me souviens que sa surprise fut grande un jour où je lui demandais si elle allait au patinage.

— Je suis trop occupée ! me répondit-elle.

C'est vers cette époque que parut la pièce de Monsieur Sardou : *la Famille Benoîton,* fine et spirituelle satire du goût exagéré des femmes pour la toilette, pour les sports et la vie extérieure. L'héroïne touchante et modeste offrait un contraste frappant avec les autres personnalités féminines, amies du tapage et de l'éclat. Dans la pièce, on la nommait sainte Mousseline. Madame Émile Ollivier jouait au naturel ce rôle sympathique.

Monsieur le Baron Haussmann cessa d'être Préfet de la Seine à l'avènement du ministère Ollivier. Il fut remplacé par Monsieur Henri Chevreau. Il administrait la Ville de Paris depuis 1853.

Attaché à une œuvre colossale, Monsieur Haussmann a marché à son but sans s'arrêter devant aucun obstacle. Il ne les comptait pas. Doué d'une autorité supérieure, avec le génie administratif, ce fut lui qui, constamment soutenu par l'Empereur, présida à la transformation de Paris.

Après la Révolution de 1848, on se trouvait en présence des plus graves problèmes. Il fallait ranimer le crédit éteint, procurer du travail à cette immense population des électeurs parisiens, auxquels les ateliers nationaux avaient créé des droits, sans leur procurer des ressources.

Embrassant avec une merveilleuse netteté l'ensemble d'une situation aussi difficile, Monsieur Haussmann entreprit de doter la France d'une capitale nouvelle.

Nos grands monuments, il est vrai, existaient avant lui; mais comme un habile joaillier sertit les pierres précieuses après les avoir dépouillées de leur gangue, il a mis au jour toutes nos merveilles. Avec un art exquis, le Louvre, Notre-Dame ont surgi d'un dédale de constructions difformes, au milieu desquelles ils disparaissaient comme ensevelis.

Les eaux, les plantations, les docks, les voies immenses, tout cet ensemble grandiose et riant de nos rues et de nos jardins, c'est lui qui les a tracés, dégagés, ornés. Et cela tout d'un coup, sans hésitation, sans qu'il y ait à retoucher au plan superbe qu'il avait conçu.

Monsieur le Baron Haussmann quitta le pouvoir avec autant de grandeur qu'il l'avait occupé. Il a revendiqué toutes les responsabilités. La calomnie ne l'a ni ému, ni détourné de sa tâche. Véritablement attaché à l'Empereur, patriote avant tout, il y avait aussi en lui les qualités élevées, les larges vues d'un homme d'État.

A la chute de l'Empire, Monsieur le Baron Haussmann, n'ayant qu'une fortune modeste, accepta une situation, qu'il occupe encore aujourd'hui, dans une grande société financière.

Au moment où l'Empereur accomplissait l'évolution libérale du 2 janvier, qui laissait à la presse une grande indépendance, un événement funeste s'accomplissait.

Un des fils du Prince Lucien, frère de l'Empereur Napoléon Ier, le Prince Pierre Bonaparte, qui vivait à Paris tout à fait à l'écart, tua chez lui Victor Noir, un jeune rédacteur de la *Marseillaise*, le journal de Monsieur Rochefort.

Depuis deux mois environ, une ardente polémique s'était élevée entre des journaux corses. Le Prince Pierre Bonaparte était en correspondance suivie avec quelques-uns de ses compatriotes. Des lettres furent communiquées à la presse, commentées d'une façon injurieuse par des journaux de la localité. Des journaux de Paris les reproduisirent. Monsieur Rochefort saisit cette occasion pour faire paraître des articles injurieux contre la famille impériale. Il parlait en termes grossiers de l'Impératrice, du Prince Impérial. Le Prince Pierre était plus particulièrement visé.

Le Prince résolut de se battre avec Monsieur Rochefort. Il pria Messieurs Paul de Cassagnac et de la Rocca de lui porter une lettre de provocation, qui commençait ainsi :

« Monsieur, après avoir outragé l'un après
« l'autre chacun des miens et n'avoir épargné ni
« les femmes, ni les enfants, vous m'insultez par
« la plume d'un de vos manœuvres. »

C'est à la suite de cette lettre que Monsieur Paschal Grousset, l'auteur de l'article incriminé, envoya ses témoins au Prince.

Le 10 janvier, Victor Noir se présentait, accompagné de Monsieur Ulrich de Fonvielle, chez le Prince Pierre Bonaparte, qui habitait 9, rue d'Auteuil.

Les deux jeunes gens abordèrent le Prince

d'un air menaçant et l'explication prit aussitôt un caractère violent.

Victor Noir leva sa canne sur le Prince et le frappa au visage, en même temps que Monsieur Ulrich de Fonvielle le menaçait d'un revolver dont il était armé.

Le Prince Pierre sortit lui-même un revolver de sa poche et fit feu sur Victor Noir, qu'il atteignit en pleine poitrine. Victor Noir quitta la pièce en chancelant et regagna la rue, tandis que Monsieur Ulrich de Fonvielle, se dissimulant derrière un large fauteuil, dirigeait son arme sur le Prince qu'il cherchait à atteindre, en tirant plusieurs coups. Le Prince lui-même tira deux coups de feu sur Monsieur Ulrich de Fonvielle qui ne fut pas blessé. Victor Noir cependant, frappé au cœur, avait pu gagner la porte. Il tomba sur le seuil aux pieds de Monsieur Paschal Grousset, qui attendait au dehors le résultat de l'entrevue de ses deux amis avec le Prince. Victor Noir mourut sans avoir pu prononcer une seule parole.

Aussitôt après ce drame, le Prince Pierre Bonaparte, devançant l'œuvre de la justice, allait se constituer prisonnier à la Conciergerie.

Cet événement souleva une rumeur terrible. Les journaux de l'opposition s'emparèrent du cadavre de ce malheureux jeune homme; on lui fit des funérailles solennelles.

Victor Noir était un enfant de Paris, un jeune homme de vingt ans. Sa fin dramatique devint le prétexte d'une agitation extraordinaire.

Pendant deux jours, plus de vingt mille personnes avaient traversé la petite chambre d'étudiant, située au cinquième étage d'une maison de Neuilly, où son corps était resté exposé.

Dans la matinée du 12 janvier, malgré le froid et la pluie, plus de cent mille personnes se mirent en marche vers Neuilly, pour faire cortège à sa dépouille.

Au moment du départ du convoi, un violent conflit s'éleva entre la famille de Victor Noir et les principaux meneurs de la manifestation, qui voulaient traverser Paris pour se rendre au Père-Lachaise, malgré les ordres de l'autorité, car on avait dû prendre des mesures pour éviter du désordre.

Enfin l'on se décide à se rendre au cimetière de Neuilly. La multitude se met en mouvement. Le corbillard est dételé, cent bras le poussent. Le frère de Victor Noir, porté sur les épaules des hommes du peuple, mène le deuil.

La tourbe révolutionnaire, que depuis longtemps on avait oubliée, apparut autour de ce char funèbre. C'était le journal de Monsieur Rochefort qui avait préparé toute la manifestation.

Au cimetière, Messieurs Gustave Flourens, Ulrich de Fonvielle, Maroteau, Amouroux, que l'on devait plus tard retrouver parmi les membres de la Commune, prononcèrent des discours remplis de violence, d'appel à la révolte.

Après la cérémonie la foule se divise et s'écoule pour rentrer dans Paris. Une animation extraordinaire se produit vers l'Arc de Triomphe.

Monsieur Rochefort, fort incommodé, dit-on, par les craintes que lui cause l'émotion populaire déchaînée par lui, s'avance pâle, défait, se soutenant à peine, poussé, ballotté au milieu de cet océan humain qui vocifère la *Marseillaise* et l'acclame en poussant des cris de révolte.

La foule, surexcitée, renversant tout sur son passage, vient se heurter, à la hauteur du Palais de l'Industrie, contre un régiment de hussards massé en travers de l'avenue.

Un roulement de tambour annonce la première sommation d'avoir à se disperser.

Monsieur Rochefort veut parlementer. Il invoque son inviolabilité de député. Un second roulement de tambour lui répond. Alors, se tournant vers les manifestants, il les harangue et les conjure de s'apaiser.

La foule s'ouvre devant les hussards qui s'avancent en colonne, coupant en deux la manifestation, et l'armée de l'émeute se disperse.

De moment en moment, des émissaires arrivaient aux Tuileries où l'on attendait avec anxiété l'issue de ce grave conflit.

On a prétendu que le Maréchal Canrobert, alors Gouverneur de Paris, interrogé sur l'attitude que prendrait l'armée en cas d'émeute, aurait répondu avec une énergie toute militaire :

— Nous ferons rrran !

On attribua plus tard à ce propos l'hostilité que les mobiles de Paris, réunis au camp de Châlons dès le début de la guerre, manifestèrent contre le Maréchal Canrobert, le chef vaillant, honoré et adoré de ses soldats.

Le Prince Pierre Bonaparte, né en 1815, était le propre neveu de l'Empereur Napoléon Ier. Les biographies signalent dans sa carrière plusieurs événements ayant eu un dénoûment dramatique. Vivant en dehors de la Cour et du monde, il avait un culte passionné pour l'histoire de l'auguste famille dont il était l'un des membres.

Lui-même se dépeint dans une lettre qu'il adressa à Monsieur le duc d'Aumale, à la suite d'une correspondance échangée entre celui-ci et le Prince Napoléon et qui faillit amener une rencontre.

Sous ce titre : Réponse d'un ancien troupier à Monsieur le Duc d'Aumale, le Prince Pierre Bonaparte écrivait :

— « Bien qu'issu de bonne maison, je suis un « rustre, un chasseur inculte des montagnes et « des forêts que j'ai habitées. »

Le Prince était d'une taille élevée, d'une forte corpulence. Ses traits rappelaient ceux des Bonaparte. En vertu de la Constitution de 1852, comme parent de l'Empereur, le Prince échappait à la juridiction commune. On réunit une Haute Cour de justice, et les débats s'ouvrirent à Tours le 21 mars 1870.

Le bruit causé par cette déplorable affaire était pour l'Empereur, pour l'Impératrice un véritable supplice. La qualité du Prince Pierre prêtait à ce procès un caractère politique passionnant. Une certaine presse était déchaînée. Monsieur Rochefort, dans son journal, mettait les Bonaparte au-dessous des Néron et et des Borgia.

Monsieur Glandaz présidait la Haute Cour. Monsieur Clément Laurier et Monsieur Floquet s'étaient chargés de soutenir les intérêts des époux Salmon, père et mère de Victor Noir, qui ne portait pas son véritable nom.

Parmi les témoins à charge figurèrent Messieurs Paschal Grousset, Flourens, Millière et quelques autres.

La scène s'était passée sans témoins. Victor Noir étant mort, le Prince Pierre Bonaparte et Monsieur Ulrich de Fonvielle furent seuls à pouvoir déposer. L'étui du revolver de Monsieur Ulrich de Fonvielle et une canne à épée, appartenant à Victor Noir, que l'on avait retrouvés dans le salon du Prince, furent les seuls indices recueillis.

Le Prince Pierre déclara avoir tiré dans le cas de légitime défense, ayant été insulté et frappé chez lui. Deux médecins avaient constaté, aussitôt après l'événement, qu'il portait à la joue une forte ecchymose, indiquant qu'il avait dû être, en effet, frappé violemment.

Monsieur Ulrich de Fonvielle soutenait au contraire que le Prince, après avoir dit qu'il était prêt à se battre contre Monsieur Rochefort, mais non pas contre ses manœuvres, s'était emporté et qu'il avait été l'agresseur. Tout le procès roula sur la différence de ces dépositions.

De nombreux témoignages s'accordèrent à reconnaître que le Prince Pierre Bonaparte, bien que d'un caractère hardi et violent, avait cependant le cœur généreux.

On scruta sa vie entière.

On rappela qu'il avait eu déjà la main malheureuse une première fois en Corse, dans une affaire de vendetta. Une autre fois en Grèce, où il tua un Albanais en se défendant contre des pirates, qui étaient venus l'attaquer pendant une partie de chasse.

On cita d'autre part des traits à son honneur. On raconta qu'un jour un valet de chambre, auquel il était attaché, avait été pris d'une attaque de choléra. C'était au milieu de la nuit. Le Prince sauta sur un cheval, sans prendre le temps de le seller, pour aller chercher un médecin. Ce dévouement ne lui réussit guère d'ailleurs, car au premier détour de la route, le cheval, se défendant, renversa son cavalier qui se cassa la jambe.

La Haute Cour écarta l'accusation de meurtre et le Prince fut acquitté. Néanmoins il fut condamné à payer aux époux Salmon, père et mère de Victor Noir, la somme de 25 000 francs à titre de dommages-intérêts, et à leur rembourser le montant des frais du procès, qui leur avait été imputé dans le jugement.

A la suite de ce procès, on engagea le Prince Pierre Bonaparte à quitter la France. Il voulut se retirer en Angleterre, où s'était fixé depuis de longues années son frère aîné le Prince Lucien, un savant d'un esprit très cultivé, très fin.

Lorsque le Prince Pierre fit part de ce projet à son frère, le Prince Lucien lui répondit :

— N'en faites rien, mon cher frère, la vie d'un sujet anglais coûte fort cher. S'il vous arrivait encore ici quelque malheur on vous ferait pendre, ce qui dérangerait toute ma vie, car, comme frère d'un pendu, on ne me recevrait plus au club.

Des poursuites furent dirigées contre Monsieur Rochefort. Le Député de la première circonscription, convaincu d'appel à la révolte, fut condamné à six mois de prison et 3 000 francs d'amende, sans cependant perdre ses droits civils. Il fut incarcéré à Sainte-Pélagie, où il subissait sa peine, lorsque le 4 septembre la populace vint le chercher pour le porter au gouvernement.

Par le fait de cette condamnation, une femme dévouée, associée à la vie de Monsieur Rochefort, qui, paraît-il, n'avait pas de fortune alors, se trouva avec ses enfants dans un abandon et un dénûment absolus. L'Impératrice l'apprit et lui vint généreusement en aide.

C'est autour du cercueil de Victor Noir que se groupèrent ceux qui devaient fonder la Commune, en mai 1871, sous les canons prussiens.

Cette triste journée d'hiver fut le prélude des agitations qui troublèrent les premiers mois de 1870 et qui ne cessèrent plus.

Le 29 janvier, une grève formidable éclatait au Creuzot. Le motif appparent de la grève était le renvoi d'un ouvrier du nom d'Assy, un des chefs du parti socialiste ouvrier, qui s'était introduit au Creuzot, afin d'y remuer la population ouvrière, la plus prospère, la plus heureuse qu'il y eût.

L'administration paternelle de Monsieur Schneider, le président de la Chambre, avait créé depuis vingt ans, dans ces contrées naguère misérables, le plus bel établissement métallurgique du monde. Cette région, où les habitants vivaient pauvrement des maigres produits du sol, était devenue une ville florissante où tout était porté jusqu'à la perfection, pour assurer le bien-être matériel et moral des ouvriers et de leur famille.

Entraînés par de perfides suggestions, les ouvriers se mirent en grève, en réclamant la réintégration de leur camarade Assy et le renvoi de ses chefs. La troupe dut intervenir; mais heureusement la grève s'apaisa sans effusion de sang.

Grâce aux facilités accordées par la loi nouvelle sur les réunions publiques, les anarchistes, nom nouvellement appliqué aux révolutionnaires, commencèrent à se connaître, à se compter et fomentèrent un complot qui avait pour but le renversement de l'ordre social, et pour base l'assassinat de l'Empereur.

Un nommé Verdier révéla ce complot. On avait dû agir le jour de l'enterrement de Victor Noir, mais les mesures énergiques de répression prises par le gouvernement avaient déconcerté les projets des conjurés.

Depuis, un comité d'action s'était créé. On s'était procuré des armes, des engins explosifs, de l'argent. La police, sur la trace du complot, avait arrêté certains meneurs : l'anarchiste Mégy, entre autres, qui, au moment de son arrestation tua d'un coup de revolver un inspecteur de police.

Le 27 janvier, dans un banquet à Saint-Mandé, Monsieur Félix Pyat avait porté un toast où, jurant haine au tyran, il célébrait, sous forme de chanson, « la petite balle libératrice ». Flourens déclarait la révolution établie en permanence. Les anarchistes, s'introduisant dans les casernes, cherchaient à enrôler des soldats. L'un d'eux, un ouvrier, apostrophant un officier qui montait la garde à la porte de la caserne du Prince-Eugène, lui demanda :

— Feriez-vous tirer sur le peuple si l'on vous en donnait l'ordre?

— Monsieur, lui répond l'officier, je ne vous demande pas ce que vous feriez à ma place.

A ces mots, l'ouvrier tire un revolver et le décharge sur le lieutenant qu'il atteint à la main. Bien que blessé, l'officier saute sur son agresseur, le désarme et le conduit au poste.

Le même jour une barricade était élevée sur le boulevard du Temple, la troupe l'enlève. Un homme, placé au sommet et qui agitait un drapeau rouge, refuse de se rendre et tombe frappé d'un coup de baïonnette en criant : Vive Rochefort! Partout ailleurs, quelques charges de cavalerie suffirent à dissiper les attroupements qui se dispersent en criant : « Sauve qui peut ! »

Peu de jours après, l'Empereur et l'Impératrice se rendaient en Daumont à la caserne du Prince-Eugène et visitaient les chambrées des soldats. J'occupais la seconde voiture. Nous parcourions ces quartiers populeux, récemment ouverts et tout bordés d'édifices en construction. De tous les échafaudages chargés d'ouvriers s'élevaient des cris frénétiques de : « Vive l'Empereur! » Tous ces hommes, abandonnant leur travail, descendaient avec une agilité qui me faisait penser à celle des marins à bord. Ils suivaient les voitures en courant. L'Empereur donna l'ordre de marcher au pas et les voitures cheminèrent au milieu des groupes compacts de gens joyeux, qui acclamaient l'Empereur de toutes leurs forces. C'étaient cependant les électeurs de Monsieur Rochefort.

Une grande partie de la presse, poussant des cris d'alarme, accusait la Constitution nouvelle de favoriser des troubles dans le pays. D'autres journaux accusaient le gouvernement de faire préparer les attentats par sa police. Les mots sinistres de complots, d'assassinat, de bombes, d'engins explosifs, etc., remplissaient les feuilles publiques.

C'est aussi vers cette époque que le Duc de Montpensier tuait en duel, aux environs de Madrid, don Enrique de Bourbon, cousin et champion de la Reine Isabelle, un Prince chevaleresque et sympathique. Cet événement eut pour effet d'écarter définitivement la compétition du Duc de Montpensier au trône d'Espagne.

Dans Paris, agité seulement d'ordinaire par les affaires et le plaisir, le malaise public était nouveau. La Cour s'en ressentit.

Sans cesse préoccupée par la crainte des attentats et des complots, les fêtes habituelles devenaient pour l'Impératrice une véritable corvée. Les grands bals officiels eurent lieu comme d'ordinaire, mais il n'y eut pas de bals costumés pendant le carnaval.

Afin de distraire le Prince Impérial, on l'autorisa à réunir chez lui ses jeunes amis, pour assister à une comédie qu'il s'était amusé à apprendre. On avait choisi : *la Grammaire*, une pièce bien connue de Labiche ; et le 16 mars, le jour de la fête du Prince, qui entrait dans sa quinzième année, la représentation eut lieu devant un public restreint. On n'avait invité que les parents des camarades du Prince et quelques personnes avec lesquelles il se trouvait tout à fait libre et familier. J'étais du nombre.

Dans un des grands salons du pavillon de Flore on avait disposé un véritable théâtre ; le Prince jouait avec cinq autres de ses amis. L'unique rôle féminin était rempli par Louis Conneau, fort bien travesti en jeune fille, avec ses petits traits et ses cheveux blonds.

Le Prince Impérial jouait le rôle principal, celui d'un vieil antiquaire entiché de recherches archéologiques, qui voit partout des débris gallo-romains. L'Empereur s'occupait beaucoup lui-même d'archéologie. Il rit fort, s'appliquant les erreurs dans lesquelles on peut faire tomber un collectionneur monomane. Le Prince jouait très gaiement. Il disait fort bien ses couplets. Il était charmant avec son jeune visage grimé en vieux savant ; une longue redingote grenat à boutons de métal qui lui battait les talons, un pantalon de nankin, un grand gilet blanc, une grosse cravate et une perruque grise.

Toute cette jeunesse s'amusa infiniment et la fête finit par un souper, que l'Empereur présida lui-même, jouant avec les enfants et prenant sa part de leur gaieté.

Le jeune Prince des Asturies, le fils de la Reine Isabelle, assistait à cette représentation.

Peu après, on entrait dans la période plébiscitaire. Le pays, directement consulté, donna à l'Empereur un vote de confiance. Sept millions deux cent mille *oui* répondirent à l'appel du souverain, contre seize cent mille protestataires.

Le dimanche 8 mai, le vote eut lieu. Le 9 et le 10 il y eut quelques barricades, promptement enlevées dans les quartiers de Belleville et de Ménilmontant.

Peu de jours après, le ministère subissait une modification. Monsieur le Duc de Gramont, notre ambassadeur à Vienne, venait prendre le portefeuille des Affaires étrangères.

Le Duc de Gramont était, depuis l'origine de l'Empire, dans la diplomatie. Sorti de l'École polytechnique, il avait servi un moment dans l'armée. Très élégant, érudit, distingué, le Duc de Gramont, avait été, disait-on, dans sa jeunesse, le héros d'une aventure dont Monsieur Alexandre Dumas fils a tiré sa pièce célèbre de la *Dame aux Camélias*.

Le Duc de Gramont fut un des compagnons d'enfance de Monsieur le Comte de Chambord. Sa mère, la Duchesse de Gramont, vivait dans l'intimité de Madame la Duchesse de Berry.

Elle était sœur du Comte Dorsay, un des hommes les plus renommés de son époque. Elle avait eu une beauté célèbre, qu'elle semble avoir léguée à ses petites-filles, Madame la Comtesse de Brigode, Mesdames de Laigle, d'Archiac, de Bryas.

Lorsque le Duc de Gramont arriva au ministère, la vieille Duchesse témoigna le désir d'être présentée à l'Impératrice. Elle vint aux Tuileries un soir de réception, parée comme toutes les autres femmes et, malgré ses soixante-quinze ans, on apercevait encore les traces de sa véritable beauté.

Le 21 mai suivant, les grands Corps de l'État, réunis dans la nouvelle salle des États au Louvre, remettaient à l'Empereur le résultat du plébiscite.

Les grands travaux entrepris pour relier cette salle nouvelle aux Tuileries n'étaient point achevés, et le cortège impérial défila au milieu des galeries encombrées de planches et de matériaux déblayés à la hâte, pour permettre le passage.

On avait jeté un long chemin de tapis qui recouvrait les parquets inachevés.

L'Impératrice eut sa robe accrochée par une menuiserie traînant à terre et il fallut réparer ce petit désastre à grand renfort d'épingles empruntées à chacun. Sa Majesté portait une robe paille, en crêpe de Chine à peine teinté, recouvert de dentelles blanches; un petit chapeau pareil, garni de plumes sur lesquelles scintillait une rosée de diamants s'élançant en aigrette.

Le temps, ce jour-là, était radieux. On se serait cru aux plus chaudes journées de juillet. On s'était arraché les places pour assister à cette cérémonie grandiose. La chaleur était étouffante.

L'Empereur se plaça sur le trône au fond de la salle entre l'Impératrice et le Prince Impérial, qui portait pour la première fois l'uniforme de lieutenant des grenadiers de la Garde : le même uniforme avec lequel il partait deux mois plus tard pour la campagne.

Le service d'honneur des maisons de Leurs Majestés était rangé sur l'estrade : les Princes de la famille Impériale, les Ministres sur les degrés du trône, suivant leur rang.

Les sénateurs étaient à droite, ayant à leur tête leur Président, Monsieur Rouher. A gauche, Monsieur Schneider, président du Corps législatif, et les députés. Étant de service ce jour-là, je me trouvais auprès du fauteuil de l'Impératrice, bien placée pour tout observer.

Les Princesses et leurs maisons étaient dans les tribunes. Les galeries supérieures étaient remplies de femmes très parées.

Après l'entrée de la Cour, Monsieur Schneider, suivi d'une députation du Corps législatif, s'avance et lit son discours. Il remet à l'Empereur le procès-verbal contenant l'affirmation des votes du 8 mai. L'Empereur remet ce document à Monsieur Émile Ollivier.

Puis l'Empereur, l'Impératrice, tout le monde se lève, et l'Empereur, d'une voix ferme qui remplit aisément la vaste salle des États, répond au discours de Monsieur Schneider.

Toutes les parties de ce discours sont soulignées, applaudies par les acclamations de tous. Cependant, à un passage où l'Empereur, parlant des réformes libérales qu'il voulait inaugurer, disait cette phrase : « Confiant dans la sagesse du peuple français », je vis le grand visage attentif de Monsieur Haussmann prendre une expression singulière. Avançant le menton avec une certaine moue des lèvres et hochant la tête, il semblait exprimer par le jeu de sa physionomie que sa confiance n'était pas égale à celle du souverain.

La cérémonie terminée, Leurs Majestés rentraient avec le même cortège dans les appartements des Tuileries. L'Empire inébranlable semblait fondé à jamais.

CHAPITRE IV

Rupture des négociations. — La presse. — Conseil de huit heures. — Convocation des Chambres. — Discussions parlementaires. — Monsieur Thiers et la Duchesse de Mouchy. — L'Empereur. — Monsieur Le Sourd. — Le Colonel Stoffel. — Proclamations de l'Empereur. — Le Prince Impérial. — Les lois militaires. — Tristesse de l'Impératrice. — La mobilisation. — La *Marseillaise* par ordre. — Monsieur Prévost-Paradol. — Le Comte de Saint-Vallier.

Après que le Roi de Prusse eut péremptoirement refusé la seule garantie commandée par la dignité et les intérêts de la France, la sanction de son autorité royale à la renonciation définitive du Prince de Hohenzollern à la couronne d'Espagne, Monsieur de Bismarck envoyait à toutes les chancelleries prussiennes l'ordre d'avoir à informer officiellement les différents cabinets de l'Europe de la rupture par le Roi des négociations.

L'affront était sanglant. Le pays tout entier le ressentit. Un frémissement de colère vint secouer la France endormie dans les douceurs de la paix.

Les journaux de toutes nuances approuvèrent l'attitude énergique du gouvernement.

— « Nos ministres ont été, en cette circon-
« stance, les organes contenus de l'opinion géné-
« rale », disait l'*Univers*.

Tous les journaux tenaient un langage analogue. Monsieur Armand Guéroult écrivait dans l'*Opinion nationale* :

— « Monsieur de Bismarck dépasse toutes les
« bornes. S'il veut conserver la paix, qu'il recule ;
« quant à nous, nous ne le pouvons plus. »

Et Monsieur Pessard, dans le *Gaulois* :

— « Pour la première fois depuis le 23 février,
« le ministère a parlé un langage digne d'un ca-
« binet français ! Si nous avions supporté ce der-
« nier affront, il n'y avait plus une femme au
« monde, qui eût accepté le bras d'un Français. »

La physionomie de Paris accentuait le mouvement de la presse, des centres politiques. Des bandes populaires parcouraient les rues en criant : La guerre ! la guerre !

— C'est plus que de l'entraînement, plus que de l'agitation, disait Monsieur Thiers, c'est de l'emportement.

Lord Lyons, l'ambassadeur d'Angleterre, adressait la dépêche suivante à Lord Granville. C'est un témoin impartial qui dépeint l'état des esprits.

— « L'excitation du public et l'irritation de l'ar-
« mée étaient telles, qu'il devenait douteux que
« le gouvernement pût résister au cri poussé pour
« la guerre, même s'il avait été à même d'annoncer
« un succès diplomatique décidé. On sentait que
« lorsque l'article prussien paraîtrait dans les jour-
« naux du soir, il serait très difficile d'arrêter la
« colère de la nation, et l'on pensait généralement
« que le gouvernement se sentirait obligé d'apaiser
« l'impatience, en déclarant formellement son in-
« tention de tirer vengeance de la conduite de la
« Prusse. » (Dépêche n° 60.)

Le 7 juillet, dans le *Constitutionnel*, Monsieur Robert Mitchell ayant écrit :

— « Si, comme tout porte à le croire, le peuple
« espagnol refuse spontanément le souverain qu'on
« prétend lui imposer, nous n'aurions plus rien à
« demander au cabinet de Berlin. »

Monsieur Léonce Détroyat répondait le lendemain :

— « Nous ne sommes pas de l'avis du *Consti-*
« *tutionnel;* nous pensons qu'il resterait à la
« France et à l'Europe à demander au cabinet de
« Berlin des garanties qui le lient étroitement. »

Monsieur de Girardin terminait ainsi un article intitulé : « Un Congrès ou la Guerre » :

— « Plutôt que de compromettre l'œuvre de
« Monsieur de Bismarck, la Prusse refusera de se
« battre; eh bien! alors, à coups de crosse dans
« le dos, nous la contraindrons de passer le Rhin
« et de vider la rive gauche. »

Au moment où l'on put espérer que la renonciation du Prince Léopold recevrait une valeur sérieuse et durable de la sanction souveraine; lorsque le gouvernement sembla incliner vers une solution pacifique, le mécontentement fut général.

L'Empereur étant venu à Paris, sa voiture fut entourée.

— La guerre! la guerre! criait-on avec irritation.

Dès que le Comte Benedetti eut fait connaître la décision du Roi de Prusse et le procédé violent dont son gouvernement avait accompagné le refus de la sanction royale, le conseil des ministres se réunit à Paris sous la présidence de l'Empereur. La délibération ne dura pas moins de huit heures.

La déclaration de guerre sortit de ce conseil, pendant lequel l'Empereur observa avec la plus ferme loyauté, comme il n'avait cessé de le faire depuis la modification de la Constitution, le droit absolu de contrôle de la part de ses ministres, écoutant l'avis de chacun, accueillant toutes les observations.

A l'issue de ce conseil, l'Empereur eut une entrevue avec le Baron de Werther, l'Ambassadeur de Prusse. Le soir même, le Baron de Werther, rappelé par son gouvernement, quittait Paris et rentrait à Berlin.

Le devoir du gouvernement était de prendre des dispositions immédiates, afin de parer aux nécessités de la guerre. Il fallait l'assentiment des Chambres. On les convoqua immédiatement.

Le 15 juillet, Monsieur Émile Ollivier présentait au Corps législatif une demande de crédit de cinquante millions, destinés à la mobilisation des troupes.

Cette demande de crédit provoqua chez les adversaires du gouvernement Impérial une protestation que Monsieur Thiers se chargea de porter à la tribune. Invoquant les scrupules d'une conscience agitée par la crainte de prendre, vis-à-vis de l'Europe, la responsabilité d'une attitude agressive, Monsieur Thiers, tout en reconnaissant les torts graves de la Prusse envers nous, adjurait le gouvernement de laisser le Roi Guillaume assumer la responsabilité de l'attaque.

En tenant ce langage, Monsieur Thiers oubliait que plusieurs fois par année, depuis Sadowa, il se livrait à des lamentations mélancoliques sur l'abaissement de la France devant la Prusse grandissante.

Il insistait sur la nécessité de l'expectative afin d'obtenir la médiation des puissances étrangères. Mais la Russie, mais l'Angleterre s'étaient déjà interposées en vain; la Prusse avait constamment repoussé leurs tentatives conciliantes.

— Si nous avions attendu plus longtemps pour demander aux puissances d'intervenir encore, lui répondit le Duc de Gramont, nous aurions donné le temps à la Prusse de compléter ses armements pour nous attaquer avec plus d'avantage !

La discussion atteignit les dernières limites de la violence entre les différents groupes de la Chambre, qui s'accablaient d'injures et de reproches.

A travers un tumulte inouï, Monsieur Émile Ollivier répondit à Monsieur Thiers. Il entreprit d'expliquer l'attitude du gouvernement.

— « Nous croyons, disait-il, avec ce talent ora-
« toire qui prenait dans sa bouche une harmo-
« nieuse élégance, nous croyons que les guerres
« inutiles sont des guerres criminelles, et si,
« l'âme désolée, nous nous décidons à cette
« guerre à laquelle la Prusse nous appelle, c'est
« qu'il n'en fut jamais de plus nécessaire. (*Vives*
« *et nombreuses marques d'approbation.*)

« Nous aussi, pendant les huit heures de déli-
« bération que nous avons eue hier, nous avons
« constamment pensé à ce qu'il y avait d'amer, de
« douloureux, à donner dans notre siècle le signal
« d'une rencontre sanglante entre deux États ci-
« vilisés. Nous n'avons pas délibéré si le moment
« était opportun ou inopportun pour assaillir la
« Prusse, nous ne voulions assaillir ni la Prusse,
« ni l'Allemagne.

« Nous nous sommes trouvés en présence d'un
« affront que nous ne pouvions pas supporter, en
« présence d'une menace qui, si nous l'avions lais-
« sée se réaliser, nous eût fait descendre au dernier
« rang des États!... (*Très bien, très bien! C'est vrai!*)

« Il y a quelques semaines, l'Europe était heu-
« reuse et paisible... Qui donc, tout à coup, a fait
« surgir une difficulté grosse de tempêtes? Est-ce
« nous, ou bien ceux que vous défendez, dit-il (en
« s'adressant à l'extrême gauche); est-ce nous
« qui avons eu la coupable fantaisie d'approcher
« la flamme d'un foyer de poudre, et puis, de
« nous étonner que l'explosion ait lieu. »

Ici, se place un incident qui mérite d'être rappelé : la passion politique s'en est emparée pour
stigmatiser l'attitude de Monsieur Émile Ollivier
au moment de la déclaration de guerre; c'est un
mot, une phrase, que souvent depuis on lui a
reprochés comme une marque d'inconséquence
et de légèreté, au milieu de circonstances aussi
graves. Voici cet incident tel qu'il a été reproduit
par le *Moniteur*.

— « Oui, de ce jour commence pour les minis-
« tres, mes collègues, pour moi, une grande res-

« ponsabilité. (*A gauche: Oui!*). *Nous l'acceptons*
« *le cœur léger.* (*Violentes protestations à gauche.*)
« Oui, d'un cœur léger, et n'équivoquez pas sur
« cette parole, et ne croyez pas que je veuille dire
« avec joie; je vous ai dit moi-même mon chagrin
« d'être condamné à la guerre ; je veux dire d'un
« cœur que le remords n'alourdit pas, d'un cœur
« confiant, parce que la guerre que nous ferons,
« nous la subirons. Parce que nous avons fait tout
« ce qu'il était humainement et honorablement
« possible de tenter pour l'éviter; et enfin parce
« que notre cause est juste et confiée à l'armée
« française ! (*Nombreux applaudissements.*) »

Dans la même séance, Monsieur Jules Favre releva ce mot de « cœur léger ».

Monsieur Émile Ollivier l'interrompit :

— « Pas d'équivoque, Monsieur, j'ai dit *cœur*
« *léger* parce que quand on remplit son devoir on
« n'a pas le cœur troublé. »

Cette expression qui a soulevé bien des colères était, dans une forme imagée, le langage d'un lettré. Elle n'a jamais eu, sur les lèvres de celui qui la prononça, le sens de joyeuse insouciance qu'on a cherché dès lors à lui attribuer.

La demande de crédit fut votée par l'unanimité de la Chambre, moins dix voix de la gauche. Les autres propositions obtinrent l'unanimité absolue.

Le lendemain, l'attitude de l'extrême gauche était sévèrement commentée par la Presse.

L'*Opinion nationale*, le journal ultra-libéral de Monsieur Adolphe Guéroult, faisait paraître ces lignes :

— « La gauche, hier, il faut bien le dire, quel-
« que regret que j'en aie, la gauche s'est oubliée.
« Avant le sentiment national, avant la prudence
« qui lui commandait de ne pas affaiblir l'élan
« français, elle a fait passer ses rancunes, ses ap-
« préhensions. Les paroles qu'a fait entendre
« Monsieur Arago pèseront certainement, un jour
« ou l'autre, sur lui et sur ceux qui les ont ap-
« prouvées. *Quant à Monsieur Thiers, mieux eût*
« *valu pour sa mémoire que sa carrière se fût*
« *achevée avant cette journée.* » (16 Juillet.)

Cependant, à partir de cette heure, Monsieur Thiers, dont l'autorité sembla grandir en raison des malheurs qui nous accablaient, embusqué dans tous les coins où s'agitait la politique d'attaque, ne cessa d'animer toutes les méfiances, d'envenimer toutes les déceptions.

Pendant cette douloureuse période, son attitude est d'une merveilleuse adresse.

Jamais homme d'État ambitieux ne fut plus habile ; si l'on pouvait envisager froidement les jeux bizarres de la politique au milieu des douleurs de la patrie, ce serait un singulier spectacle que celui de l'audace de l'ancien ministre de Louis-Philippe, dont la personnalité, surgissant de vingt années en arrière, se retrouve tout entière et plutôt agrandie, au lendemain de la révolution du 4 septembre.

Le point de départ de la conduite de M. Thiers, pendant les mois de juillet et d'août 1870, est peu connu et très piquant à étudier.

Le 4 juillet, le Marquis de Massa, officier d'ordonnance de l'Empereur qui, par des liens de parenté, se trouvait avoir des relations assez intimes avec Monsieur Thiers, vint trouver la Duchesse de Mouchy qu'il connaissait.

Il était chargé pour elle d'une mission confidentielle.

Monsieur Thiers, tourmenté toute sa vie de la

soif du pouvoir, et qui incarnait seul, à ses yeux, l'idée de la patrie française, avait senti toutes ses aspirations gouvernementales se réveiller depuis que les attributions ministérielles s'étaient étendues. Il souhaitait d'entrer dans le gouvernement de l'Empereur. Cette association de forces lui semblait digne de son temps. Déjà, avant de faire des propositions ouvertes, il avait cherché par des démarches discrètes à faire faire les premiers pas au gouvernement; mais soit qu'on n'eût pas compris, soit que l'on eût préféré s'abstenir, on n'avait jamais répondu. Brûlant ses vaisseaux, il chargeait un mandataire de propositions définies.

Avec son impétuosité habituelle, Monsieur Thiers avait demandé de hâter la démarche et de lui rendre une prompte réponse.

La Duchesse de Mouchy eut besoin des assurances réitérées du Marquis de Massa, pour croire à la réalité de sa mission.

Monsieur de Massa déclara formellement qu'il venait, de la part de Monsieur Thiers, prier la Duchesse d'être son intermédiaire auprès de l'Impératrice, pour offrir ses services à l'Empereur.

Monsieur Thiers, toujours très au fait de la

politique européenne, considérait la guerre avec la Prusse comme imminente et impossible à éviter.

— L'Empereur aura besoin d'être entouré d'hommes très expérimentés, j'ai beaucoup d'autorité sur la Chambre, avait-il dit; j'ai toute sa confiance dans les questions d'organisation militaire dont je me suis toujours beaucoup occupé; ma voix sera mieux écoutée qu'aucune autre. Dites à l'Empereur que la GUERRE AVEC LA PRUSSE A ÉTÉ LE RÊVE DE TOUTE MA VIE, et que, dans les circonstances actuelles, je mets à sa disposition mon concours et mon dévouement.

La Duchesse comprit l'importance d'une telle démarche de la part d'un homme politique comme Monsieur Thiers. Elle fit mettre les chevaux à sa voiture et partit pour Saint-Cloud où se trouvait la Cour. Elle ne se dissimulait pas l'étonnement qu'allait provoquer une telle démarche. Son rôle était simple, du reste, puisqu'elle n'avait qu'à transmettre un message.

En arrivant à Saint-Cloud, on lui apprend que l'Impératrice vient de partir pour Paris. Elle allait se retirer; mais des fenêtres de son cabinet, l'Empereur voyait arriver les visiteurs. Il reconnaît la voiture de la Duchesse de Mouchy et la fait prier de venir vers lui.

L'Empereur sortait ; il propose à la Duchesse de l'accompagner pendant sa promenade, et c'est en allant et venant dans l'allée ombragée de grands platanes, qui entourait les parterres, que la Duchesse de Mouchy fait part à l'Empereur du but de sa visite.

L'Empereur écoute avec une grande attention. Puis, toujours en marchant, il explique le rôle politique que Monsieur Thiers avait eu toute sa vie.

— On l'a nommé un grand démolisseur ; néanmoins, c'est un homme de savoir et de talent, et je n'aurais pas hésité à l'appeler au Ministère, si j'avais pensé que ses services puissent être utiles au pays. Mais j'ai modifié mes droits en entrant dans le gouvernement parlementaire. Il ne m'appartient plus de prendre les ministres qui me conviennent ; c'est au Parlement de les désigner à mon choix. Veuillez transmettre cette réponse à Monsieur Thiers. Il est lui-même un ancien parlementaire, il me comprendra. Dites-lui que je suis très touché de sa démarche et que je l'en remercie. JE SAIS QUE L'ON PEUT COMPTER SUR LE PATRIOTISME DE L'HISTORIEN DU CONSULAT ET DE L'EMPIRE, DANS LES RANGS DE L'OPPOSITION COMME AU MINISTÈRE.

Après cet entretien, la Duchesse de Mouchy, en rentrant chez elle, retrouvait le Marquis de Massa. Elle lui transmettait avec la plus scrupuleuse exactitude toutes les paroles dont l'Empereur l'avait chargée pour Monsieur Thiers.

Le lendemain 5 juillet, Monsieur Thiers faisait porter à la tribune par M. Cochery une demande d'interpellation, dans laquelle il sommait le gouvernement de donner à la Chambre des explications sur l'état de la question Hohenzollern.

Les débats parlementaires ne s'accommodent guère des ménagements de la diplomatie, où toutes les paroles doivent être mesurées. Du moins, les indiscrétions de tribune et de presse ne pouvaient que compliquer le rôle déjà difficile du gouvernement. C'était saisir et agiter le brandon de la discorde.

Monsieur Thiers, un politique adroit autant qu'expérimenté, aurait pu le comprendre et ne pas aiguiser sa malice parlementaire contre des adversaires chargés des destinées du pays, dans des circonstances aussi critiques, aussi délicates. Cette interpellation était le prélude du discours dans lequel, le 15 juillet, Monsieur Thiers avait demandé l'ajournement de la guerre.

Il est permis de se demander quel aurait été le rôle de Monsieur Thiers, si l'Empereur l'appelant au Ministère avait accueilli ses propositions.

Le 12 août, après les premiers désastres, du haut de la Tribune, Monsieur Thiers venait attester qu'il n'avait cessé d'avertir le pouvoir de l'insuffisance de nos préparatifs. Cependant, dès le 15 juillet, au moment de la déclaration de guerre, il aurait pu manifester ses inquiétudes.

— Il n'y a pas un ministre, affirmait-il, qui ne m'ait entendu dire avec passion : « Nous ne sommes pas prêts, on a trompé le pays. »

Pourquoi, si telle était sa conviction, ne pas l'avoir exprimée dès le 15 juillet? pourquoi, le 12 août, donner à l'ennemi ce précieux avertissement si peu fait pour encourager l'héroïsme de nos soldats?

Si Monsieur Thiers avait une aussi faible idée de nos moyens d'action, pourquoi donc, au lendemain du 4 septembre, lorsqu'il n'y avait plus d'armée, au lieu de se promener à travers l'Europe comme la colombe échappée du déluge, n'employait-il pas toute son autorité à obtenir la cessation des hostilités? Ce n'est pas, hélas! un rameau d'olivier qu'il rapportait au sein de la patrie agonisante!

Plût à Dieu que le don de seconde vue et de prophétie, dont se vantait Monsieur Thiers, ne l'eût point abandonné lorsqu'il devint le chef du gouvernement! Il nous eût épargné la Commune, si à la veille du 18 mars il n'avait pas, malgré de sages avis, traité comme jeux d'enfants les manifestations révolutionnaires des habitants de Belleville, et refusé de désarmer la garde nationale. Nous n'aurions pas vu les canons français se tourner contre nous-mêmes, Paris menacé de ruine, livré au meurtre, à l'incendie, au pillage. L'armée n'aurait pas eu, à son retour de captivité, à remporter une victoire cruelle sur des malheureux exaspérés par la défaite, par les souffrances du siège et que de perfides suggestions avaient achevé d'égarer, en les entraînant dans la révolution. Sanglantes représailles où, des deux parts, c'est la patrie que l'on frappe ; et qui laissent encore parmi nous trop de frères ennemis.

La déclaration de guerre fut notifiée à Berlin le 18 juillet par Monsieur Le Sourd, premier secrétaire de l'Ambassade de France. Il fit la lecture du document diplomatique avec le cérémonial d'usage, à midi précis, chez le Président du Conseil.

Le Colonel Stoffel ressentit un des premiers les effets du caractère prussien, qu'il dépeint comme rude, passablement arrogant et dépourvu de générosité. Ses rapports militaires étaient connus des offices secrets de la chancellerie de Berlin et le signalaient à la méfiance du gouverneur prussien. Bien que les relations personnelles du Colonel avec la Cour, avec le Maréchal de Moltke et Monsieur de Bismarck, dont il avait été l'hôte, dans l'intimité de sa résidence de Varzin, eussent toujours été excellentes, il reçut brutalement, le 18 juillet, l'avis d'avoir à quitter Berlin.

On ajoutait, au nom du Maréchal de Moltke et de Monsieur de Bismarck, que si, le lendemain 19, jour où toute l'ambassade de France devait partir, il se trouvait encore sur le territoire prussien, il serait considéré comme prisonnier de guerre et enfermé dans une forteresse. C'était une expulsion immédiate.

Depuis quelques jours, du reste, la situation de cet officier à Berlin était devenue critique : on l'accusait d'avoir contribué à la guerre. La populace le traquait jusque dans sa maison et des gens armés de pavés le guettaient à sa porte pour lui faire un mauvais parti. La police dut prendre des dispositions pour le protéger durant son trajet à la gare.

Le 20 juillet, le Duc de Gramont communiquait officiellement aux Chambres la déclaration de guerre.

Le 21, le Sénat se rendait en corps à Saint-Cloud pour apporter à l'Empereur l'hommage de son dévouement.

Monsieur Rouher, dans un discours entrainant, exprima l'accord qui existait entre les grands corps de l'État et la politique impériale. Il parlait avec enthousiasme de la victoire qui suivrait nos armées. Pendant qu'il parlait ainsi, l'Empereur était grave et soucieux.

— Nous commençons une lutte sérieuse, dit

l'Empereur. La France aura besoin du concours de tous ses enfants

Ceux qui ont assisté à cette mémorable entrevue, la dernière qui eut lieu entre les souverains et l'un des grands corps de l'État, n'ont pas oublié l'émotion, l'angoisse, qui se trahit à plusieurs reprises, aux paroles de l'Empereur et de Monsieur Rouher, sur les traits de l'Impératrice.

Le lendemain 22, le Corps législatif était reçu à son tour. L'Empereur répondait à Monsieur Schneider :

— « J'éprouve une grande satisfaction, à la
« veille de mon départ pour l'armée, de pouvoir
« vous remercier du concours patriotique que
« vous avez donné à mon gouvernement. Une
« guerre est légitime quand elle se fait avec l'as-
« sentiment du pays et l'approbation de ses repré-
« sentants. Vous avez bien raison de rappeler les
« paroles de Montesquieu : Le véritable auteur de
« la guerre n'est pas celui qui la déclare, mais
« celui qui la rend nécessaire. Nous avons fait
« tout ce qui dépendait de nous pour l'éviter et
« c'est la nation tout entière qui, dans son irré-
« sistible élan, a dicté nos résolutions.

« Je vous confie, en partant, l'Impératrice, qui
« vous appellera autour d'elle si les circonstances
« l'exigent. Elle saura remplir courageusement le
« devoir que sa position lui impose. »

La proclamation, dans laquelle l'Empereur annonçait la déclaration de guerre, énumérait nos griefs contre la Prusse; elle se terminait ainsi :

« Quant à nous, nous réclamons l'établisse-
« ment d'un état de choses qui garantisse notre
« sécurité et assure l'avenir. Nous voulons con-
« quérir une paix durable basée sur les vrais in-
« térêts des peuples et faire cesser cet état pré-
« caire où toutes les nations emploient leurs
« ressources à s'armer les unes contre les autres.

« Le glorieux drapeau que nous déployons
« encore une fois devant ceux qui nous provo-
« quent est le même qui porta à travers l'Europe
« les idées civilisatrices de notre grande révolu-
« tion. Il représente les mêmes principes, il in-
« spirera les mêmes dévouements.

« Français,

« Je vais me mettre à la tête de cette vaillante
« armée qu'anime l'amour du devoir et de la pa-

« trie. Elle sait ce qu'elle vaut, car elle a vu,
« dans les quatre parties du monde, la victoire
« s'attacher à ses pas. J'emmène mon fils avec
« moi, malgré son jeune âge. Il sait quels sont
« les devoirs que son nom lui impose et il est
« fier de prendre sa part dans les dangers de
« ceux qui combattent pour la patrie. Dieu bénisse
« nos efforts! Un grand peuple qui défend une
« cause juste est invincible. »

En apprenant qu'il pourrait suivre son père à l'armée, le Prince Impérial éprouva une joie profonde. Il n'avait alors que quatorze ans! C'est l'âge de l'adolescence où les jeunes imaginations s'exaltent au récit des exploits patriotiques, et le Prince avait déjà dans ses grands yeux bleus un éclair de la flamme qui présage les héros. Le jeune Louis Conneau, le camarade habituel des jeux et des études du Prince Impérial, avait demandé à l'accompagner.

— Mon fils ne va pas à l'armée pour jouer au soldat, avait répondu l'Empereur; mais pour apprendre son métier de souverain.

Plût à Dieu que, dix ans plus tard, lors du drame sanglant du Zululand, Louis Conneau se fût trouvé auprès du Prince dont il était resté le compagnon! Une main amie, retenant la bride du cheval effaré qui s'enfuit à la brusque apparition des soldats noirs sur les bords de la rivière d'Ityotiozi, eût suffi pour sauver la vie du Prince Impérial, abandonné seul, au milieu des Zoulous qui l'ont massacré.

Cependant les armements se pressaient de l'autre côté du Rhin. En Prusse, depuis de longues années, la nation avait reçu une éducation militaire qui lui donnait une impulsion puissante.

Chez nous, chacun jugeait les événements avec son tempérament, avec ses intérêts, sans bien en analyser les causes. Le bruit des armes plaît aux fils des Gaulois et des preux. Les femmes de notre race ont toutes, dans les veines, quelques gouttes de ce vieux sang gaulois, qui a engendré tant de héros.

La guerre de 1870 fut populaire à son début. La France avait foi dans son armée depuis dix-huit ans toujours victorieuse; dans sa fortune!

Cependant, dès l'origine du conflit Hohenzollern, ce nom qui restera lié aux plus douloureux souvenirs de notre histoire, qui couvrit la France de ruines et laissa tant d'incurables blessures dans les cœurs français, deux courants s'étaient établis dans l'opinion.

Les uns préconisaient la guerre, désireux de sauvegarder la dignité nationale, désireux surtout de voir cesser cet état de paix onéreuse, où toutes les forces des nations s'agglomèrent autour des armées, dans l'éventualité d'une guerre prochaine. Ceux-là se fiaient à la sagesse patriotique de l'Empereur, à la confiance que, du haut de la tribune, les voix les plus autorisées manifestaient dans notre armement.

Le 9 avril 1869, le Maréchal Niel, s'adressant au Sénat, s'exprimait ainsi :

« Notre situation est telle qu'en maintenant
« notre armement sur son pied normal de paix,
« avec l'organisation si profondément prémédi-
« tée de l'Empereur, et dont, par son initiative,
« notre système militaire est aujourd'hui doté,
« nous ne pouvons jamais être surpris; grâce
« aussi à nos approvisionnements, que je consi-
« dère comme un dépôt sacré auquel il ne faut
« jamais toucher qu'en temps de guerre; grâce,

« enfin, à nos armements de réserve qui sont sur
« un pied des plus respectables. »

Le 12 avril 1869, le Maréchal Niel ajoutait :
« Aujourd'hui, que nous soyons à la paix ou à
« la guerre, cela ne fait absolument rien au
« Ministre de la Guerre : il est toujours prêt. »

Dans les sphères politiques, parmi les adversaires du gouvernement, et pour des causes différentes, parmi ceux dont les destinées étaient étroitement liées à l'Empire, il y eut de grandes protestations. L'origine démocratique du gouvernement Impérial ne pouvait laisser aucune illusion sur les conséquences d'une guerre malheureuse. La France vaincue, c'était la chute de la dynastie. L'Empereur, l'Impératrice, dont on a tant incriminé l'action, à cette époque, sur les décisions de l'Empereur, ne jugeaient pas la situation d'une façon différente. Car ce mot que l'on a osé attribuer à l'Impératrice au moment de l'entrée en campagne : « C'est ma guerre ! » n'a jamais été qu'une odieuse et ridicule invention dont le temps a déjà fait justice. L'Impératrice avait, au contraire, l'effroi de la guerre.

A l'issue de ce long conseil où l'on venait de

fixer le sort du pays, l'Impératrice pleine d'anxiété, s'adressant à Monsieur de Parieu, président du Conseil d'État, lui demanda ce qu'il pensait des résolutions prises. Monsieur de Parieu, très apprécié de l'Empereur et de l'Impératrice, était un homme d'un sens juste et droit.

— Je pense, Madame, répondit-il, que si l'Angleterre devait trouver une formule qui nous permît d'éviter la guerre, elle aurait bien mérité de la France !

— Je suis bien de votre avis, reprit gravement l'Impératrice.

Le soir même de la déclaration de guerre, tandis que dans Paris on se livrait à des manifestations bruyantes, l'Impératrice se promenait silencieusement dans le parc de Saint-Cloud, regardant au loin le flamboiement de la grande ville lumineuse. Elle était profondément absorbée. Madame de Sauley, dame du palais de service, fut frappée de cette tristesse qui contrastait avec l'animation de la journée, où l'on avait vu tant de monde, où l'on avait dit tant de choses. Le Baron de Vareignes, préfet du palais de l'Empereur, qui accompagnait l'Impératrice dans sa promenade, ne put s'empêcher d'en faire la remarque.

— Comment voulez-vous, lui répliqua l'Impératrice, que je ne sois pas profondément troublée à la veille de ce qui se prépare! Voici un grand pays comme la France, paisible, prospère, engagé dans une lutte où, même heureuse, tant de ruines, tant de deuils vont s'amonceler. L'honneur de la France est engagé; mais quels désastres si la fortune est contraire? NOUS N'AVONS QU'UNE SEULE CARTE A JOUER. Si nous ne sommes pas victorieux, la France ne sera pas seulement amoindrie et rançonnée, elle s'abîmera dans la plus effroyable révolution qu'on ait vue!

L'Impératrice, instruite des secrètes menées de certains adversaires de l'Empire, prévoyait déjà le rôle que seraient appelés à jouer, dès nos premiers malheurs, ceux que, plus tard, après les émeutes et le massacre des pompiers de la Villette, elle pourrait trop justement nommer la quatrième armée de Monsieur de Bismarck.

Depuis mon mariage, j'habitais la plus grande partie de l'année le château de Nogent, situé dans le département de l'Aisne, auprès de l'ancien château de Coucy. Monsieur Carette avait là une grande exploitation agricole, et je ne revenais guère à Paris que pour prendre mon service auprès de l'Impératrice.

L'Aisne étant un département voisin de la frontière, dès que le décret de mobilisation parut, appelant sous les drapeaux les hommes de la réserve, la garde mobile et l'armée territoriale, le mouvement militaire s'accentua autour de nous.

En même temps que ce décret, parut un appel au patriotisme de la nation, où on sollicitait les enrôlements volontaires pour la durée de la guerre. Toutes les classes de la société fournirent un contingent généreux. Bon nombre de jeunes gens, que l'on était habitué à considérer comme d'élégantes inutilités, partirent et donnèrent, pendant toute cette rude campagne, les plus grands exemples de courage, d'abnégation et de vertus militaires.

La première impression vive et réellement patriotique que je ressentis fut, vers cette époque, lorsque les mesures de la mobilisation commencèrent. Il y avait dans nos fermes quelques chevaux appartenant à la remonte. Sur un ordre de l'autorité militaire, des gendarmes vinrent les réquérir et les emmenèrent en mains. Ces chevaux dont le galop retentissait au milieu du calme de la campagne, cette troupe de cavaliers en uniforme qui s'éloignait rapidement, donnèrent la vie aux idées de lutte et de combat qui flottaient dans mon imagination. Dès lors, l'image de la guerre avait une figure et je compris que le sort de la nation serait fixé, du moment où tous ces petits groupes isolés se réuniraient et formeraient le torrent des armées.

A partir de cette époque, le pays fut sillonné par des soldats en congé, des hommes de la réserve qui se rendaient à Laon, où la concentration s'opérait et d'où ils étaient dirigés sur les différents corps. Ils paraissaient résolus. Partout, dans les campagnes, ils recevaient un accueil sympathique.

Cependant, à Laon, l'incurie de l'administration, qui n'avait rien prévu pour recevoir cette quantité d'hommes arrivant de tous les points du département, faillit amener des désordres. Ne trouvant ni campement, ni gîte préparé, ces gens, fatigués pour la plupart, se réfugiaient dans les auberges, où ils dissipaient, en buvant, leur petit pécule ; une fois troublés par l'ivresse, il devenait difficile de les gouverner.

Le 28 juillet, une sorte d'émeute mêlée de cris séditieux avait éclaté à Laon, et ce ne fut qu'à grand'peine que le Préfet, Monsieur Ferrand, et le Général Thérémin d'Asme, qui commandait la forteresse, parvinrent à apaiser les hommes et à les conduire à la gare, musique en tête, afin de les faire partir.

Au début de la campagne, l'idée générale était qu'après quelques grands engagements de frontière, nous forcerions les lignes prussiennes et que le cri public « A Berlin ! » devenant une réalité, nos troupes victorieuses fouleraient de nouveau le sol foulé par les aïeux à Iéna, Auerstædt, Magdebourg et Berlin.

« A Berlin! » C'est à ce cri que les premières troupes de la garde quittaient Paris, le 20 juillet, au milieu des acclamations générales. C'est avec ce cri que nos régiments d'Afrique s'embarquaient pour rejoindre l'armée. C'est ce cri qui soulevait à l'Opéra l'élite de la société réunie le 22 juillet comme pour une fête suprême.

On avait annoncé que l'Empereur assisterait

à la représentation de la *Muette de Portici* et que Madame Marie Sass chanterait la *Marseillaise*.

L'élan patriotique qui nous entraînait à la frontière effaçait le stigmate des souvenirs révolutionnaires attachés à ce chant.

Du reste, c'était par ordre que l'on chantait la *Marseillaise*.

Le 18 juillet, l'Empereur réunissait dans un dîner à Saint-Cloud les officiers des voltigeurs de la garde qui partaient pour l'armée. Ils étaient jeunes, nombreux, animés de l'esprit guerrier et remplissaient de leurs brillants uniformes la galerie d'Apollon, une des plus belles de nos palais, cette salle d'une architecture si élégante, décorée de peintures admirables, avec son plafond à caissons, tout ruisselant de dorures, sous la flamme des lustres. Vers la fin du dîner, l'Empereur donna un ordre à voix basse. Aussitôt la musique militaire, qui se faisait entendre pendant le repas, se mit à jouer la *Marseillaise*. L'Empereur avait compris que l'ancien refrain, qui accompagnait nos pères dans leurs victoires, ferait vibrer la fibre patriotique de tous ces officiers réunis autour de lui. En effet, dès les premières mesures, spontanément, tous debout, la tête haute, le bras tendu, choquant leurs verres, ils mêlèrent les cris enthousiastes de « Vive l'Empereur, vive la France! A Berlin! » aux accords de la musique.

Ils peuvent se compter, ceux qui sont revenus. Combien d'entre eux sont tombés sur les champs de bataille! Leur mémoire plane sur les ruines du palais écroulé.

L'Empereur et l'Impératrice ne vinrent pas à la représentation de gala de l'Opéra; mais tout ce que Paris comptait alors d'élégant et de haut placé s'y était donné rendez-vous. Lorsque Madame Marie Sass parut en sa grande allure dramatique, vêtue d'une tunique blanche, du long manteau semé d'abeilles, tenant en main le drapeau tricolore, une immense acclamation s'éleva de toutes les parties de la salle, et c'est au milieu d'une émotion indescriptible qu'elle attaqua les premières notes.

La Duchesse de Mouchy se lève. Par un hasard fortuit, elle portait, ce jour-là, une robe blanche ornée de nœuds rouges et, couronnant son beau profil, une guirlande de bleuets. Aussitôt: « Tout le monde debout ! » s'écrie une voix dans la salle. C'était celle de Monsieur Émile de Girardin. En un instant, la salle entière s'est dressée, la voix des spectateurs se mêle aux chœurs et le chant s'achève aux cris mille fois répétés de : « Vive la France ! A Berlin ! Vive l'Empereur ! » C'étaient les dernières acclamations de fête qui retentissaient au cœur du souverain !

Il y a loin de cette *Marseillaise*, ainsi comprise, à l'expression sinistre que lui donne la populace avinée dans les jours d'émeute. Bien loin de nous était alors la pensée de voir l'étranger franchir le seuil de la patrie.

Tous les faits étrangers aux préoccupations de la guerre passaient inaperçus. Néanmoins la mort de Monsieur Prévost-Paradol, notre ministre à Washington, causa une vive émotion. Polémiste énergique et brillant, il avait débuté au *Journal des Débats* par une campagne dans les rangs de l'opposition. La souplesse, la mesure de son talent le faisaient comparer aux écrivains du XVIIIe siècle.

Émule de Monsieur Émile Ollivier, il rencontrait souvent le Prince Napoléon dans le salon de Madame la Marquise d'Agoult, l'un de ceux où l'opposition trouva pendant longtemps un agréable asile.

C'était l'époque où, maniant l'aiguillon de l'ironie, il lançait ses flèches d'or sur le pouvoir qu'il devait servir un jour.

En 1868, au moment où parut son livre *la France Nouvelle*, Monsieur Prévost-Paradol pria l'un de ses amis de l'offrir à l'Empereur, en lui faisant observer qu'il ne s'y trouvait aucune attaque personnelle.

— Je suis l'adversaire du système, nullement de la dynastie, dit-il.

L'Empereur reçut cet hommage indirect en souriant.

Plus tard, après le 2 janvier, Monsieur Prévost-Paradol pria les nouveaux ministres, parmi lesquels se trouvaient d'anciens amis, de l'aider à entrer dans la diplomatie. Lassé de la polémique journalière, il cherchait à se rattacher à une carrière plus stable. L'Empereur donna son assentiment à ce projet.

Monsieur Prévost-Paradol, ne voyant pas paraître sa nomination, pensa que l'Empereur était revenu sur sa première pensée. Un ami auquel il en parla vit l'Empereur, qui ne lui cacha pas l'opposition de plusieurs ministres, particulièrement du Comte Daru.

— Ces messieurs prétendent que Prévost-Paradol écrit encore contre moi dans le *Times*, dont il serait resté le correspondant, dit l'Empereur. Mais votre démarche me paraît une réponse suffisante. Je le crois incapable de jouer un double jeu; dites-lui qu'il est nommé.

Ses anciens amis l'accablèrent de reproches. Quelques-uns d'entre eux ne s'arrêtèrent même pas devant l'injure. Il était d'un caractère nerveux et mélancolique; il partit pour Washington, profondément affecté.

Doctrinaire élégant et discret, Monsieur Prévost-Paradol caractérise bien un groupe particulier qui combattit l'Empire, presque comme à regret, à armes courtoises, en quelque sorte; au fond, sympathique à l'Empereur et prêt à se rallier. En apprenant à son poste la nouvelle de la déclaration de guerre, Monsieur Prévost-Paradol fut saisi d'un accès de douleur patriotique. Sa tête s'égara. Il se tira un coup de revolver en plein cœur.

La nouvelle de cette mort volontaire eut un pénible retentissement. C'était un de ces événements tragiques qui semblent accompagner de leur triste présage les grands bouleversements publics.

Monsieur Prévost-Paradol laissait un fils et une fille. Sa fille, qui n'était alors qu'une enfant, est entrée il y a peu d'années en religion, chez les carmélites.

Pendant les mois d'été, le service des Dames du Palais durait un mois, afin d'éviter les longs voyages pour un court séjour, la Cour étant alternativement à Fontainebleau et à Biarritz.

J'avais quitté l'Impératrice à Saint-Cloud vers le milieu de juillet et je devais reprendre mon service avec Madame de la Poëze le 4 septembre. Sachant l'Impératrice en proie à de si graves soucis, je vivais dans une inquiétude perpétuelle et je passais mon temps en allées et venues pour la voir et me tenir au courant des événements. Dans un des voyages que je fis alors en quittant Nogent, j'eus l'occasion de rencontrer le Comte de Saint-Vallier, notre ministre à Stuttgard. Il rentrait en France, comme les autres diplomates accrédités auprès des différentes cours d'Allemagne. Les impressions qu'il rapportait de Stuttgard avaient un grand intérêt, le Roi de Wurtemberg étant un des Princes les plus prépondérants de la Confédération germanique. Le Roi avait toujours eu d'excellentes relations avec la famille Impériale dont il était l'allié, par la Princesse Catherine, mère du Prince Napoléon et de la Princesse Mathilde.

Monsieur de Saint-Vallier avait commencé sa carrière sous les auspices de Monsieur Drouyn de Lhuys, puis il avait été attaché au cabinet de Monsieur Rouher, alors ministre d'État. Des relations intimes s'étaient même nouées entre la famille de Monsieur Rouher et la Marquise de Saint-Vallier, la mère du jeune diplomate, que l'on voyait assidûment au thé de cinq heures de Madame Rouher.

Monsieur de Saint-Vallier, dont on appréciait le tact et les talents, avait été nommé ministre à Stuttgard en 1868.

Avant de rentrer à Paris pour rendre compte des dernières péripéties de sa mission, il s'était arrêté dans sa famille, au château de Coucy-les-Eppes, voisin de Laon.

J'avais dû passer par Soissons, la libre circulation de la gare de Chauny, qui était la voie dont j'usais d'ordinaire, étant interrompue, par suite des transports de troupes. Du côté de Soissons, je trouvai le même encombrement et il fallut m'y arrêter durant quelques heures.

Monsieur de Saint-Vallier se rendait, comme moi, à Paris. Nous dînâmes ensemble au buffet de la gare, tandis que d'interminables convois de troupes, de bestiaux pour l'approvisionnement de l'armée, de munitions, se succédaient presque sans intervalle le long des voies.

Je rencontrais constamment Monsieur de Saint-Vallier à la Cour. On le voyait chaque année à Compiègne, à Fontainebleau, à Paris, dans toutes les fêtes.

C'était un diplomate absolument correct de tenue, très réservé bien que causeur agréable, ayant l'air grave et toujours préoccupé des choses de la carrière.

Il avait une détestable santé, ce qui le mettait à l'abri des entraînements du plaisir. Homme du meilleur monde, du reste, et fort recherché dans les cours étrangères où il portait cet air de discrétion diplomatique fait pour aiguiser la curiosité des salons où la politique se mêle aux grâces de la conversation intime.

—Vous allez voir l'Impératrice, me dit-il. Vous pouvez lui porter l'assurance formelle d'une alliance, contre la Prusse, de toute l'Allemagne du Sud, qui n'attend pour se déclarer que nos premiers succès. Cette alliance existe à l'état latent dans l'esprit des Princes de la Confédération germanique. Les petits États voient avec inquiétude l'esprit de conquête de la maison de Hohenzollern. Ils sentent que la Prusse triomphante les absorberait à leur tour; les populations, comme les souverains, redoutent extrêmement cette domination. Ils n'attendent qu'un revers pour se retourner contre la Prusse et venir à nous.

C'est dans ce sens que Monsieur de Saint-Vallier avait constamment renseigné le gouvernement; en parlant ainsi, quelle était son erreur!

Était-il aveuglé par des illusions sincères? Avait-il pu se laisser tromper par de vaines protestations?

Au moment de la déclaration de guerre, la Confédération germanique, répondant tout entière à l'appel du Roi de Prusse, confondait ses armées avec l'armée prussienne et se jetait sur nous pour fonder l'Empire d'Allemagne.

Plus tard, Monsieur de Saint-Vallier, voulant dégager sa responsabilité diplomatique, donna un démenti devenu célèbre au Duc de Gramont, qui avait le droit, pour sa justification après la guerre, de rappeler les assurances pacifiques que ses agents en Allemagne lui avaient transmises.

Les dépêches officielles prouvèrent que la première version de Monsieur de Saint-Vallier, celle dont il m'avait fait la confidence, était exacte.

CHAPITRE V

Le pont de Kehl. — La Régence. — Départ de l'Empereur et du Prince Impérial pour l'armée. — La santé de l'Empereur. Le Baron Larrey. — Le Camp de Châlons. — Voyage à Arenenberg. — Monsieur Bachon. — Séjour à Compiègne. — L'Impératrice à Wilhelmshœhe. — Metz. — Saarbrück. — Wissembourg. — Mort du Général Douay. — Reichshoffen. — Forbach. — La Maréchale Bazaine. — Invasion.

Le 23 juillet, après le vote des crédits, la session était close. Les députés, à l'exception de ceux dont les départements étaient plus proches du théâtre de la guerre, restèrent pour la plupart à Paris.

Le même jour, les Badois repliaient le pont de bateau du Rhin sur la rive allemande, brisant ainsi le dernier lien qui unissait les deux peuples, symbole des déchirements prochains.

Le 26 juillet, un décret constituait le gouvernement de la Régence et investissait l'Impératrice du pouvoir, à dater du jour où l'Empereur aurait quitté la capitale.

Les membres du Conseil privé et quelques autres personnalités importantes composaient avec les Ministres, sous la présidence de l'Impératrice, le Conseil de Régence.

C'étaient le maréchal Baraguey d'Hilliers, récemment nommé commandant de la place de Paris, en remplacement du maréchal Canrobert, appelé au commandement de l'armée de Châlons ; M. Baroche ; M. Drouyn de Lhuys ; M. Magne ; M. le duc de Persigny ; M. Rouher, président du Sénat ; M. Schneider, président du Corps législatif.

Le 28 juillet, l'Empereur, accompagné du Prince Impérial, partait pour l'armée.

Dans une partie retirée du parc de Saint-Cloud existait un passage à niveau avec une petite gare, qui permettait aux souverains de prendre directement le chemin de fer, sans revenir à Paris. Un abri de chaume ouvert, avec quelques lampadaires, servait de lieu d'attente.

Dès le matin, une grande animation régnait

dans le Palais. Les officiers faisant partie de la maison militaire de l'Empereur, en tenue de campagne, se mêlaient aux ministres, à tous ceux qui étaient attachés à la Cour, et qui avaient voulu saluer l'Empereur au départ.

Tandis que la grande cour du Palais était encombrée de breacks et d'omnibus pour les gens de service, des voitures de parc, sortes de vis-à-vis découverts, entraient dans les jardins réservés.

Bientôt l'Empereur, accompagné de l'Impératrice et du Prince Impérial, sortit des appartements particuliers de l'Impératrice et, suivant la longue enfilade des salons, il se dirigea vers la sortie du parc, serrant la main, disant de son air affable un mot affectueux à chacun de ceux qui étaient là.

L'Empereur portait la petite tenue de général de division. Le Prince Impérial, qui avait quitté les galons de laine de caporal du 1ᵉʳ grenadiers de la Garde, portait l'uniforme de sous-lieutenant. Il avait le front candide et pur, le teint éclatant d'un enfant, avec une bonne grâce et une élégance rare à cet âge. Et il était si heureux du sabre qui

7.

battait à son côté et qu'il serrait d'un air résolu. Près de l'Impératrice, tenant affectueusement sa main, il la regardait avec des yeux rougissant de larmes, qu'il voulait contenir. Car, avec une grande énergie de nature, beaucoup d'ardeur et d'entrain, il était tendre, affectueux et doux, autant qu'un enfant peut l'être.

— Un soldat ne doit pas pleurer, pensait-il.

Et soldat, il l'était déjà au fond de l'âme, comme ces jeunes gentilshommes, les Condé, les Gramont, les d'Assas, qui faisaient leur éducation militaire sur les champs de bataille et qui, dès l'enfance, avaient appris à aimer la patrie comme on aime sa mère. L'Impératrice était comme toutes les femmes, comme toutes les mères qui ont subi les déchirements des grands départs : toutes les sollicitudes se heurtaient dans son esprit. Elle tremblait jusqu'au fond de l'âme, mais elle se contenait en souveraine. En sortant du salon des Vernet, l'Empereur, l'Impératrice et le Prince Impérial montèrent en voiture à l'extrémité de la terrasse. En un instant, toutes les autres voitures étaient remplies et suivaient celle de l'Empereur, tandis qu'un certain nombre de ceux qui n'avaient pu trouver place partaient à pied pour se rendre à la petite station.

Le train impérial était rangé le long de la voie. Le ciel était triste et bas. En descendant de voiture, Leurs Majestés attendirent dans le kiosque les serviteurs fidèles qui s'empressaient une dernière fois. L'Empereur s'approcha de Monsieur Émile Ollivier, et, lui serrant les deux mains :

— Je compte sur vous, lui dit-il.

L'Empereur monta dans le train, suivi de son état-major.

Je connaissais d'une façon personnelle tous ces généraux dont quelques-uns étaient destinés au commandement. C'étaient les généraux Bourbaki, Frossard, Douay, Pajol, Lebrun, Favé, de Failly, Vaubert de Genlis, Reille, Lepic, prince de la Moskowa, Castelnau, et enfin le maréchal Lebœuf.

Tous avaient été désignés à la faveur impériale par des services éclatants. Tous, sur les champs de bataille de Crimée, d'Italie, du Mexique, de la Chine, avaient noblement soutenu l'honneur du drapeau. Tous, ils étaient animés de l'ardent amour de la patrie, d'un grand dévouement à l'armée. On avait le droit de compter sur leur vaillance, sur leurs talents militaires.

Le maréchal Lebœuf laissait le ministère de la guerre aux mains du général Decaen, destiné à le suppléer, tandis qu'il prenait les fonctions de major général de l'armée. Le maréchal avait fait sa carrière dans l'artillerie; il s'était signalé en Italie comme un de nos meilleurs généraux. C'était un cœur de lion animé d'une bonté touchante, d'une bienveillance, d'une générosité qui le faisaient vénérer de tous ceux qui l'approchaient. Loyal et brave comme son épée, il était un des plus beaux, des plus brillants officiers de l'armée française. Par-dessus tout, il adorait la France. Il fut un de ceux que nos malheurs accablèrent d'une façon dont il ressentit profondément l'amertume.

Le jour des funérailles de l'Empereur à Chislehurst, je l'ai vu, secoué par les sanglots, couvrir de larmes le cercueil de son ancien souverain.

Quels souvenirs du passé, quelles pensées, quels rêves traversaient alors son esprit! Tout son être semblait abîmé dans la douleur.

Retiré dans une terre de famille, entouré des siens, ne vivant plus que pour faire du bien, le maréchal Lebœuf est mort inconsolé.

Tandis que les généraux montaient dans les wagons, l'Empereur regardait son brillant état-major :

— On dirait un vrai corps d'armée, dit-il, en souriant à l'Impératrice.

Le train était prêt. Une dernière étreinte et l'Impératrice est descendue sur le quai. Son mari, son fils vont au-devant de tous les dangers. Elle reste seule à ce grand foyer qui est la France, sous le poids écrasant du pouvoir, des responsabilités. L'Empereur envoie un dernier signe à ceux qui accompagnent son départ; puis, dans cette foule d'amis, apercevant un de ses chambellans :

— Dumanoir, dit-il d'une voix forte, je ne vous ai pas dit adieu.

Ce furent ses dernières paroles à Saint-Cloud, prononcées au milieu de l'émotion générale, car tous les yeux sont mouillés de larmes. Un moment de silence solennel succède à ces paroles. Puis le signal est donné, la vapeur siffle.

— Fais ton devoir, Louis, s'écrie l'Impératrice en enveloppant son fils d'un de ses beaux regards de lumineuse tendresse.

Tous se découvrent et tandis que le train s'ébranle, le cri de « Vive l'Empereur ! » sort de toutes les poitrines.

L'Empereur, accoudé sur la balustrade du wagon, reste les yeux attachés sur l'Impératrice. Son regard a une expression de tendresse, d'encouragement, de grandeur indéfinissable. Elle tend les mains vers ceux que le destin emporte et ce même regard de l'Empereur reste fixé sur elle avec une persistance, une douceur infinie, jusqu'au moment où le train, arrivé à la hauteur de la grille, rejoint la grande voie. Arrivé là, l'Empereur se porte de l'autre côté du wagon pour saluer la population accourue, qui l'acclame avec frénésie. Puis, le train décrit doucement une courbe, et disparaît.

L'Impératrice regagne sa voiture, oppressée de sanglots. Le voile de l'avenir s'était-il soulevé devant ses yeux ?

Au moment de l'entrée en campagne, la santé de l'Empereur était déjà fort atteinte, paraît-il. Je n'ai pas connaissance que jamais personne ait soupçonné la gravité de son état.

Cependant, le 2 juillet 1870, une consultation de médecins et de chirurgiens avait eu lieu. C'étaient les docteurs Ricord, Fauvel, Germain Sée, Nélaton, Corvisart.

C'est un mystère inconcevable; mais cinq médecins éminents, réunis pour examiner l'Empereur, laissèrent une consultation écrite, signée du docteur Germain Sée seul, et cette consultation ne fut communiquée à personne de ceux qui pouvaient avoir intérêt à la connaître.

Après la mort de l'Empereur en 1873, on la trouva cachetée parmi des papiers.

Dans l'entourage intime de l'Empereur, on était accoutumé à le voir habituellement sédentaire; je veux parler de l'époque à laquelle j'eus l'honneur d'être appelée auprès de l'Impératrice, en 1864.

L'été, pendant les séjours de Saint-Cloud, de Compiègne, de Fontainebleau, l'Impératrice, persuadée qu'il était nuisible à la santé de l'Empereur de ne pas sortir, cherchait toujours à obtenir qu'il consentît à marcher, au moins pendant une heure.

Alors, on partait lentement dans les grandes allées, l'on faisait deux ou trois kilomètres et l'on revenait. Ou bien, prenant le bras d'un aide de camp, de l'un de ses officiers, ou de quelque visiteur, l'Empereur se promenait en causant, mais sans jamais parcourir de longs espaces. Il semblait plutôt se résigner pour complaire à ceux qui l'entouraient.

L'Empereur, qui était un des plus brillants cavaliers de l'Europe, conservait à pied la démarche d'un cavalier démonté. Il allait d'un pas nonchalant appuyé sur sa canne en corne de rhinocéros, dont la poignée était une belle tête d'aigle en or, finement ciselée. C'était un présent de la Duchesse de Cambacérès.

L'Empereur avait toujours beaucoup aimé la chasse. Il tirait fort bien. Je l'ai vu soutenir à pied, en chassant, des journées de marche, sans témoigner aucune fatigue. Comme aux personnes de naturel impressionnable, ce qu'il faisait avec plaisir, lui paraissait aisé sans doute.

Bien rarement l'Empereur sortait à pied, lorsque la Cour était à Paris. C'était alors, le plus souvent, une courte promenade sur la terrasso réservée des Tuileries, le long de l'eau.

En 1865, l'Empereur quittait Fontainebleau pour aller aux eaux de Plombières, où il fit une saison, et de là il revint passer le 15 août au camp de Châlons, au milieu des troupes. L'Impératrice devait le rejoindre.

Il avait été convenu que, presque incognito, Leurs Majestés iraient en excursion à Arenenberg, sur les bords du lac de Constance, où l'Empereur n'était pas retourné depuis la mort de la Reine Hortense, sa mère, dont il chérissait la mémoire.

Ce fut à ce moment que se manifestèrent les premiers symptômes de la maladie de l'Empereur. Le Baron Larrey, médecin en chef des armées, fut le premier auquel l'Empereur se confia.

Avant l'arrivée de l'Impératrice à Châlons, le Baron Larrey fut fort surpris, un matin vers sept heures, de voir Léon, le vieux valet de chambre de l'Empereur, venir lui-même le chercher.

Malgré l'heure matinale, le Baron Larrey était prêt; il se rendit au pavillon Impérial. L'Empereur était couché, il avait un peu de fièvre.

— J'ai passé une nuit très pénible, mon cher Larrey, lui dit l'Empereur.

Comme le docteur exprimait son regret de n'avoir pas été appelé aussitôt, l'Empereur, avec sa bonté habituelle, lui répondit qu'il n'avait pas voulu troubler son repos; puis il lui fit le récit de ses souffrances et des manifestations spéciales dont elles avaient été accompagnées. Ces accidents tout nouveaux avaient un peu alarmé l'Empereur.

Le docteur Larrey fut aussitôt éclairé sur la nature de la maladie qui s'annonçait; il conseilla à l'Empereur certains soins et reconnut la nécessité de recourir à une opération immédiate.

L'Empereur croyait peu à la médecine. Surtout il avait horreur des moyens chirurgicaux. Il se récria contre l'avis du docteur.

— Nous en reparlerons plus tard, dit-il, et il lui ordonna de ne révéler à personne ce qu'il venait de lui confier. Je vous prie expressément de n'en pas dire un mot, surtout à l'Impératrice, insista-t-il.

Peu de jours après, le 14 août, l'Impératrice, accompagnée de la Princesse Anna Murat et de la Comtesse de Montebello, arrivait à Châlons.

Elle s'installait au quartier Impérial. J'avais également l'honneur d'accompagner Sa Majesté.

Le lendemain, 15 août, nous assistions à une messe dite en plein air, au milieu de tout l'appareil militaire.

Après la messe, on amena les chevaux, et l'Empereur, ayant à ses côtés l'Impératrice, ainsi que nous-mêmes et tout son État-major, passa à cheval une grande revue des troupes. Il était impossible à sa mine, à son attitude, de soupçonner qu'il venait d'être souffrant.

Le 16 août, nous partions pour Arenenberg. Ce voyage fut un enchantement. Jamais l'Empereur ne s'était montré aussi gai, aussi satisfait.

Parcourant en excursionniste ces belles contrées où s'était écoulée sa jeunesse, l'Empereur retrouvait mille impressions douces et joyeuses. Il nous les communiquait avec une affabilité sans égale, faisant, en quelque sorte, les honneurs de ce pays que plusieurs d'entre nous ne connaissaient pas, et cela avec une bonhomie, une simplicité, mille attentions qui ont laissé dans mon esprit le souvenir ineffaçable de ces quelques journées.

Loin du luxe, de l'apparat de leur vie habituelle, l'Empereur et l'Impératrice semblaient se délasser d'une longue contrainte. Depuis les premières heures de la matinée jusqu'à la nuit, nous parcourions le pays en chemin de fer, en bateau, dans de simples voitures de louage.

On ne pouvait certes soupçonner aucun malaise chez l'Empereur, qui ne prenait aucune autre précaution que de se garantir du froid, qu'il redoutait extrêmement. Je me souviens même que, très gaiement, il nous fit les honneurs d'un certain manteau d'uniforme d'artillerie suisse fort démodé, qu'il possédait depuis sa première jeunesse et que Léon, son valet de chambre, avait soin d'emporter dans tous les déplacements.

Cet agréable voyage eut une fin dramatique. A Neuchâtel, les chevaux de la voiture dans laquelle nous étions et qui suivait celle de l'Empereur, s'emportèrent en quittant la gare, au milieu d'une foule considérable accourue pour voir Leurs Majestés. On ne put les maîtriser. La voiture fut brisée. La Princesse Anna, Madame de Montebello et moi, nous fûmes très grièvement blessées.

L'Empereur en ressentit une inquiétude qu'il nous témoignait de la façon la plus touchante. J'avais été presque écrasée sous des matériaux de construction qui avaient arrêté notre course en brisant la voiture et qui s'étaient écroulés sur moi après son renversement. On crut que j'allais expirer sur l'heure. L'Empereur cherchait à nous secourir, à nous ranimer; ses yeux étaient remplis de larmes en nous voyant souffrir.

J'ai su depuis que, dans la nuit qui suivit, l'Empereur avait eu un nouvel accident de santé; il l'avait soigneusement caché à la sollicitude de l'Impératrice, qui nous avait veillé durant la nuit entière.

Le lendemain, sans laisser paraître aucune fatigue, l'Empereur rentrait à Paris, tandis que l'Impératrice, étant restée auprès de nous, nous soignait avec ce dévouement de sœur de charité qu'un moribond saluait en elle, peu de mois après, lors de ses visites aux cholériques dans les hôpitaux de Paris.

Jusqu'en 1869, la santé de l'Empereur ne parut pas décliner. Sa démarche était un peu alourdie. C'est la seule observation qu'on pouvait faire. Cela concordait avec les années. Il ne s'alitait jamais, et à part des douleurs rhumatismales dont il souffrait davantage par le froid, et quelques légers accès de fièvre, qui ne l'empêchaient pas de s'occuper comme à son ordinaire, on ne pouvait soupçonner les souffrances que la mort a révélées. L'Empereur ne se plaignait jamais.

En 1869, l'Impératrice était allée en Égypte afin d'inaugurer le Canal de Suez, cette grande œuvre française, exécutée par des Français. L'Empereur était resté à Saint-Cloud avec le Prince Impérial. Il ne voulut pas que le Prince fût privé du séjour de Compiègne, où, déjà très bon écuyer, le Prince aimait à suivre les chasses.

Cette même année, le Prince Impérial était allé au camp de Châlons. Sa bonne tournure, son aplomb militaire, avec son visage encore animé des grâces de l'enfance, avait enthousiasmé les troupes, auxquelles il aimait à se mêler familièrement. Il avait été acclamé et l'Empereur était revenu radieux des sympathies qui s'élevaient autour de son fils.

Monsieur Bachon, le vieil écuyer du Prince qu'il

adorait, était fou de bonheur; il lui avait donné une éducation équestre si bien entendue, qu'à quatorze ans, le Prince Impérial maniait son cheval en véritable cavalier. Monsieur Bachon me racontait son triomphe.

— Il n'y a pas un Prince, me disait-il, pour passer, comme lui, une revue sur un grand cheval qui piaffe, d'un pas égal, le long des lignes d'infanterie, sans que la musique ni les reflets du soleil sur les fusils le fassent dévier d'un pas.

Le Prince, lui, n'en avait conçu que de la joie. Déjà, il adorait l'armée. Ses yeux s'enflammaient au passage d'un régiment et il savait parfaitement désigner, après une revue, telle compagnie de tel bataillon dont l'alignement n'était pas juste.

A Chislehurst, en 1871, après la guerre, à la veille de ses quinze ans, je demandais au Prince Impérial quel vœu il fallait faire pour lui et ce qu'il préférerait, si le choix de sa destinée lui était offert.

— Je voudrais, me dit-il les yeux mouillés de larmes, être sous-lieutenant dans l'armée française, avec 1800 francs d'appointements.

Pendant cet automne de 1869, le palais de Compiègne aurait été bien triste sans entourage. L'Empereur engagea une quarantaine de personnes environ, choisies parmi celles qui faisaient partie de ce qu'on appelait l'intimité de la Cour. Nous avions l'honneur, Monsieur Carette et moi, d'être au nombre de ces privilégiés.

Le 15 novembre, le jour de la Sainte-Eugénie, l'Empereur voulut que, malgré l'éloignement de l'Impératrice, sa fête fût célébrée comme d'ordinaire.

Le soir, après le feu d'artifice traditionnel, il adressa à l'Impératrice une longue dépêche collective où tous nos noms figuraient. Puis il voulut nous faire danser, et pour terminer la soirée, afin de divertir le Prince, l'Empereur se mit à la tête d'une boulangère qu'il conduisit lui-même, faisant tourner la chaîne des danseurs à travers la longue enfilade des salons, des interminables galeries de Compiègne ; les plus alertes demandaient grâce, tandis que l'Empereur nous entraînait toujours avec la vivacité, la gaieté, l'entrain d'un jeune homme. Il semblait infatigable.

La réception des notabilités de la ville et du département, qui venaient saluer les souverains aux anniversaires, eut lieu cette année-là comme de coutume.

Le baron Morio de l'Isle, sous-préfet de Compiègne, que l'Empereur affectionnait et en qui il avait une confiance particulière, avait négocié un rapprochement avec une personnalité assez importante : un ancien révolutionnaire de 1848, qui s'était signalé par son hostilité envers le Prince-Président, et qui, après le 2 décembre, avait gémi pendant trois jours au moins sous les verrous !

Il avait fini, comme beaucoup d'autres, par vouloir se rallier.

Lorsque Monsieur Morio de l'Isle le présenta :

— Voilà bien longtemps que je ne vous ai vu, lui dit l'Empereur.

— En effet, Sire, pas depuis que vous m'avez fait mettre en prison.

L'Empereur le regarda finement :

— Mon Dieu, dit-il en souriant, nous avons tous plus ou moins passé par là.

Pendant ce séjour, l'Empereur ne cessa pas de s'occuper de ses hôtes avec mille attentions. On chassait, on montait à cheval, on passait des journées en voiture. L'Empereur se mêlait à tous les divertissements. Il était impossible de montrer plus de courtoisie, de bonté, de gaieté.

Comment supposer que, dès cette époque, la santé de l'Empereur était gravement compromise?

L'Empereur voulut évidemment dissimuler la cause de ses souffrances à l'Impératrice. Ceux qui ont été à même d'apprécier les exquises délicatesses de sa bonté peuvent comprendre qu'il cherchât à lui épargner le plus grave sujet d'inquiétude. De plus, un jour, à Vichy, l'Empereur, se trouvant indisposé, s'était décidé à accepter du docteur Conneau, en qui il avait une confiance profonde, des soins destinés à lui procurer un soulagement immédiat. Dans cette très légère opération, le docteur Conneau eut le malheur de blesser l'Empereur et de le faire souffrir. A partir de ce moment, l'Empereur manifesta une répugnance invincible pour tous les moyens chirurgicaux. Il l'avoua plus tard. Ce Prince, qui eut toute la vie un si grand mépris de la mort, éprouvait une appréhension nerveuse, et presque féminine, pour tout ce qui était souffrance occasionnée par la maladie.

Vingt fois, j'ai vu l'Empereur sortir après avoir été prévenu qu'un attentat était médité contre lui, sans que rien pût le détourner de son projet.

En mai 1870, on avait saisi des bombes au picrate de potasse, ce nouvel engin qui faisait son apparition. On savait qu'il en existait encore. L'Empereur recommanda au général Frossard d'empêcher le Prince Impérial de sortir Le général demanda si le Prince était menacé.

— Non, lui répondit l'Empereur avec son calme accoutumé ; c'est à moi qu'on veut jeter des bombes ; mais on pourrait se tromper de voiture. Et il sortit.

L'Empereur savait bien qu'en révélant la nature de la maladie dont il souffrait, l'Impératrice aurait fait tout au monde pour qu'il fût traité et guéri. Moitié fatalisme, moitié détachement de soi-même, l'Empereur, avec son autorité inflexible, exigea le plus profond secret des médecins qui lui donnaient leurs soins. Néanmoins le 2 juillet 1870, sur la prière de la Duchesse de Mouchy de voir le docteur Sée, l'Impératrice avait décidé l'Empereur à demander cette consultation des premiers praticiens de Paris. Sans tenir compte de leurs conseils, plus que jamais l'Empereur laissa tout ignorer à l'Impératrice, à ses ministres. On parla d'anémie, de douleurs névralgiques épidermales, et le départ pour l'armée eut lieu.

Les premières fatigues de la campagne amenèrent promptement la maladie à l'état aigu. L'Empereur souffrit mille morts en allant au-devant du boulet qu'il cherchait, pour mettre un terme aux douleurs qui torturaient son âme et son corps.

C'est en Angleterre, à Chiselhurst, que l'Impératrice fut instruite de la vérité.

On avait beaucoup commenté dans le public l'impossibilité où l'Empereur s'était trouvé trop souvent de suivre l'armée à cheval. Les médecins avaient parlé, la presse s'était emparée de leurs révélations et les avait propagées. La Duchesse de Mouchy avait été, comme tout le monde, au courant des commentaires médicaux.

Vers le milieu de décembre 1870, elle vint passer une après-midi à Camden. L'Impératrice était profondément affectée, sous le coup des lettres de l'Empereur, qui était souffrant à Wilhelmshohe. Sachant combien l'Empereur était sensible au froid, Sa Majesté se demandait si le dur climat de cette résidence n'était pas nuisible et si elle ne devait pas, malgré ses répugnances, demander au Roi de Prusse que l'Empereur pût habiter un climat plus doux.

La Duchesse de Mouchy croyait l'Impératrice instruite de tout. Elle supposait que Sa Majesté, habituellement très confiante, ne lui avait jamais parlé de la maladie de l'Empereur, par suite d'une réserve intime.

— Mais, ma tante, dit-elle, le climat n'y fait rien. Dans l'état où est l'Empereur, c'est une opération qu'il faut faire et le plus promptement possible. C'est l'avis de tous les médecins.

L'Impératrice fut frappée de stupeur. Elle demanda des détails.

— Alors l'Empereur est perdu ! dit-elle. Comment m'a-t-on caché une chose pareille !

Elle était navrée en songeant aux souffrances qu'avait si stoïquement endurées son époux infortuné.

Ce fut à la suite de cette conversation que l'Impératrice, quittant furtivement l'Angleterre, se rendit en Allemagne pour voir l'Empereur. Elle ne put passer que quelques heures auprès de lui.

dans ce douloureux exil de Wilhelmshœhe dont le séjour ne lui avait pas été ouvert.

Le lendemain de son arrivée au quartier général de Metz, le 28 juillet, l'Empereur adressait une proclamation à l'armée. Elle porte l'empreinte des préoccupations de son esprit. Néanmoins l'Empereur partait avec confiance, comptant sur la force de notre armée, sur l'admirable esprit militaire qui l'animait.

Les 250 000 hommes de troupes aguerries, que nous pouvions opposer aux forces allemandes vis-à-vis desquelles on se trouva au début de la campagne, permettaient de tout espérer !

Le sort nous trahit et tout devint fatal dans cette douloureuse guerre. La surprise que leurs avantages causèrent à nos adversaires eux-mêmes, prouve de leur propre aveu que la campagne n'avait pas été entreprise sans de sérieuses raisons de confiance. Il suffit, pour s'en convaincre, de lire les comptes rendus du grand État-major prussien.

Dans sa proclamation à l'armée, l'Empereur, s'oubliant pour le pays, ne parlait que de l'amour, de la grandeur de la France.

Le 29 juillet, l'Empereur et le Prince Impérial visitèrent le camp de Saint-Avold, où se trouvait le 2ᵉ corps, le plus voisin de la frontière, celui que commandait le général Frossard.

Le 2 août, un premier engagement eut lieu. C'était l'ouverture des hostilités. On apprenait à Paris la prise de Saarbrück. On faisait grand bruit d'une balle ramassée par le Prince Impérial sur le champ de bataille. Les feuilles dynastiques blâmaient la témérité avec laquelle on semblait exposer l'héritier du trône, tandis que les journaux de l'opposition ne voyaient là qu'une mise en scène puérile. On alla jusqu'à insinuer que le commandant du 2ᵉ corps, le général Frossard, gouverneur du Prince Impérial, avait préparé à Saarbrück un simulacre de combat, afin de ménager au Prince Impérial l'honneur de ses premières armes.

La vérité était au fond du cœur maternel de l'Impératrice.

— J'aime mieux, en cas de revers, que mon fils soit au milieu de l'armée, disait-elle ; je ne veux pas qu'on en fasse un petit Louis XVII.

Le jour du combat de Saarbrück, en effet, les

troupes virent l'Empereur et le Prince Impérial parmi elles à deux cent cinquante mètres du feu. Un officier de la suite fut blessé ; l'Empereur et son fils se portèrent sur le terrain même, d'où l'on venait de déloger l'ennemi, et l'Empereur pouvait télégraphier à l'Impératrice :

— « Louis s'est très bien tenu au feu. »

Ce succès éphémère, qui enflamma tous les esprits, ne devait pas avoir de lendemain. Notre plan était l'offensive. Les lenteurs de la mobilisation vinrent modifier les projets d'attaque. Dès longtemps, en Prusse, les places fortes avaient été mises en état de se défendre contre l'invasion. La mobilisation, organisée par district, se fit avec une promptitude qui dépassa la nôtre et l'esprit de méthode appliqué aux plus petits détails remporta la première victoire.

Cependant l'organisation des armées prussiennes ne fut complète que vers le 15 août. Elle s'effectua à l'abri du succès. Un seul revers, sur notre territoire, pouvait entraîner une déroute et changer toute la suite de la campagne.

Le 4 août, l'armée du Prince Royal surprenait

les troupes du général Douay à Wissembourg. Un combat s'engage où nos hommes, écrasés par le nombre, sont obligés de se replier. Huit bataillons tinrent en échec, depuis huit heures du matin jusqu'à trois heures de l'après-midi, des forces considérables qui arrivaient successivement. Pendant que nos troupes, obligées d'abandonner le champ de bataille, se retiraient, on vit le général Douay gravir lentement, seul à pied, tenant son cheval par la bride, une colline que couronnaient quatre batteries prussiennes, dont la mitraille balayait la plaine. N'ayant pu vaincre et voyant ses hommes décimés, le général marchait délibérément au-devant de la mort. Frappé par la mitraille, il tomba héroïquement.

L'Empereur connut l'échec de Wissembourg le 4 août au soir. On comprit que les masses allemandes étaient plus près de nous qu'on ne l'avait pensé d'abord. L'Empereur, se rendant compte que les opérations encore incomplètes de la mobilisation ne permettaient pas d'opposer à l'ennemi des forces suffisantes, voulait se replier du côté des Vosges. Mais un avis du Maréchal de

Mac-Mahon annonça qu'il était en bonne situation pour soutenir le combat. Il demandait qu'on lui envoyât un renfort de troupes. On ne voulut pas contrecarrer ses opérations. On lui expédia le corps du général de Failly; et, afin de laisser plus d'unité à l'action, l'Empereur réunit les différents corps d'armée sous les ordres des Maréchaux de Mac-Mahon et Bazaine. On avait ainsi deux armées composées chacune de trois corps d'armée.

Le Maréchal de Mac-Mahon pensait rencontrer les troupes du Prince Royal vers le 7 août. Des dispositions de concentration étaient prises pour ce jour-là. Mais le 6 au matin, des combats d'avant-postes s'engageaient, acharnés, sur plusieurs points de la ligne d'avant-garde, et bientôt la bataille devenait générale. On se battait à Wœrth, à Gunstett, à Frœschwiller.

Vers midi, nos troupes victorieuses semblaient maîtresses du champ de bataille. Si la division du général de Failly était arrivée alors, la victoire devenait décisive. Mais ce sont les Prussiens qui reçoivent du renfort et bientôt, de toutes parts débordés, nous plions sous les coups d'une artillerie formidable. Vainement des prodiges de courage et d'audace sont accomplis; vainement les plus obscurs soldats deviennent des héros; vainement le généreux sang français inonde la plaine : il faut se retirer. Le Maréchal de Mac-Mahon donne l'ordre de la retraite!

Ce fut dans cette journée qu'eut lieu la charge mémorable des cuirassiers de Reichshoffen.

Les troupes s'étaient heurtées à des forces cinq fois plus considérables que les nôtres.

Pendant ce temps, l'armée du Maréchal Bazaine, après avoir également disputé chèrement la victoire, était repoussée à Forbach.

Après ces sanglants combats, nos soldats étaient épuisés. Les munitions manquaient. Des réserves importantes étaient tombées entre les mains de l'ennemi. Le 10 août, l'Empereur appelait à Metz le Maréchal Canrobert et il donnait l'ordre de rallier les troupes autour de la place.

La consternation dans Paris ne saurait se peindre. On vivait dehors.

Dans les rues, sur les places publiques, on s'abordait sans se connaître. On se communiquait toutes les nouvelles vraies ou fausses, ces dernières surtout; et, à tous les carrefours, des groupes se formaient pour lire en commun les journaux qui paraissaient.

Tandis que les troupes prussiennes franchissaient la frontière sans intervalle et que leur flot pressé se répandait dans le pays, le Maréchal de Mac-Mahon, continuant sa retraite, abandonnait les défilés des Vosges, et à l'exception des places fortes, tout le territoire entre le Rhin et la Moselle était envahi.

Cependant, afin d'honorer les efforts de notre armée, glorieuse encore dans la défaite, on ouvrit une souscription destinée à offrir une épée d'honneur au Maréchal de Mac-Mahon. Je me trouvais chez la Vicomtesse Aguado, lorsque la Maréchale Bazaine y vint en visite. La Maréchale, cette jeune femme que le maréchal Bazaine avait épousée pendant la campagne du Mexique et qui a montré une énergie peu commune au moment de l'évasion de son mari, pleine de confiance dans les talents militaires du Maréchal, ne doutait pas que, commandée par lui, l'armée ne prît une éclatante revanche.

En apprenant que le duc de Magenta allait

être l'objet d'une démonstration patriotique si flatteuse :

— Que fera-t-on pour le vainqueur, s'écria-t-elle avec animation, si c'est ainsi que l'on récompense le vaincu ?

CHAPITRE VI

L'Impératrice à Saint-Cloud. — L'Amiral Jurien de la Gravière. — Une dépêche de Forbach. — Un portrait de la Princesse royale de Prusse. — Monsieur Emile Ollivier. — Départ de Saint-Cloud. — Conseil de Régence. — La Maréchale Canrobert. — Le Général Trochu. — Le Prince Napoléon. — L'Amiral Rigault de Genouilly. — Le Général Trochu refuse le ministère de la guerre. — Le Général Palikao. — Réunion des Chambres. — Agitation dans Paris. — Le Maréchal Baraguey d'Hilliers. — Renversement du ministère Ollivier. — Son dernier Conseil.

Après le départ de l'Empereur pour l'armée, tout était rentré dans le calme à Saint-Cloud.

Les quelques jours qui venaient de s'écouler avaient été remplis par des préoccupations de toute nature. Il avait fallu songer à tout; car, fût-on reine, on a besoin, quand un mari, quand un enfant vous quittent, de voir par soi-même que tout a été prévu, que leur bien-être est assuré.

L'Impératrice restait à Saint-Cloud avec ses deux jeunes nièces, filles de la Duchesse d'Albe, qui vivaient auprès d'elle depuis plusieurs années, et un service restreint.

On devine l'impression cruelle que Sa Majesté éprouva à la nouvelle des premiers échecs. Mais c'était des combats d'avant-garde, et de tels revers ne devaient avoir qu'un caractère passager.

L'Impératrice était prévenue qu'un grand engagement aurait lieu le 7 août. Les dépêches étaient attendues avec anxiété.

L'Amiral Jurien de la Gravière avait été désigné pour rester auprès de l'Impératrice. Durant ces jours d'épreuve, il ne cessa de l'entourer du plus respectueux, du plus généreux dévouement. Il s'était établi auprès du palais, à Saint-Cloud, avec sa famille, afin de se trouver à toute heure à la disposition de l'Impératrice. Ce jour-là, vers l'heure du dîner, il arrivait au palais avec une de ses filles, lorsque, à son entrée dans le salon de service, quelqu'un lui dit :

— On a de très mauvaises nouvelles de l'armée.

Aussitôt, il se dirigea vers le cabinet de l'Impératrice. Il la trouva anéantie, sans larmes, sans voix, entre ses deux nièces qui pleuraient. Elle lui tendit un papier sur lequel le chambellan de service, le Comte de Cossé-Brissac, venait de transcrire les premières phrases d'une dépêche chiffrée, datée de Forbach.

« Toute l'armée est en déroute ; il faut élever notre courage à la hauteur des circonstances. »

Monsieur de Brissac, dans le salon voisin, achevait de traduire la dépêche.

Tandis que l'Amiral lisait, terrifié lui-même, Monsieur de Brissac rentrait avec empressement et lisait à haute voix les derniers mots qu'il venait de transcrire :

« Tout peut encore se réparer. »

A ces mots, l'Impératrice tombe à genoux et les larmes, jusque-là contenues, inondent son visage.

— De grâce, Madame, apaisez-vous, lui dit l'Amiral.

— Ah ! je bénis Dieu, dit-elle, qu'il y ait encore à espérer !

Aussitôt, elle se décide à retourner à Paris, afin

que le gouvernement soit réuni en permanence.

— Amiral, vous ne me quitterez pas, je compte sur vous, dit-elle.

Après le repas rapidement achevé, l'Impératrice réunit à la hâte les papiers d'État qui pouvaient être nécessaires, et, tous les ordres donnés, on se dispose à quitter Saint-Cloud.

Plus tard, en visitant le palais au moment de l'incendie, les Prussiens trouvèrent une dépêche adressée par l'Impératrice à la Comtesse de Montijo, lui annonçant le départ du Prince Impérial pour l'armée. Cette dépêche fut publiée par les journaux allemands :

« Louis partira dans quelques jours avec son
« père pour l'armée, et je désire que vous lui en-
« voyiez votre bénédiction. Ne vous tourmentez
« pas, je suis parfaitement calme.

« Il faut qu'il fasse son devoir et honneur à son
« nom.

Signé : « EUGÉNIE. »

Un portrait de la Princesse Royale de Prusse, fille de la Reine d'Angleterre, la Princesse Victoria, veuve aujourd'hui de l'Empereur Frédérie III, fut aussi au nombre des objets enlevés par les Prussiens.

Ce portrait faisait partie d'un grand tableau représentant l'arrivée de la Reine d'Angleterre à Saint-Cloud en 1855 qui ornait l'escalier d'honneur. La Princesse Victoria, qui n'était pas encore mariée, accompagnait la Reine, et son jeune visage, encadré d'un chapeau rose, se détachait à côté de celui de la Reine. Au milieu de l'incendie du palais, des officiers prussiens coupèrent la peinture autour du portrait de la Princesse Royale et il fut conservé.

Cependant, le bruit d'une défaite s'était répandu dans Paris. En apprenant que nous avions encore été battus, la consternation devint de la fureur dans la population des faubourgs, où déjà fermentaient des idées de révolte. On commençait à prononcer le mot de trahison, ce mot si funeste, dont l'amertume vint se mêler à tous nos désastres.

Des bandes se portèrent vers la place Vendôme, devant le Ministère de la Justice; Monsieur Émile Ollivier y arrivait, accompagné d'un ami. Revenant de Saint-Cloud qu'il avait quitté avant que l'on eût reçu la dépêche de Forbach, il ignorait les nouvelles. Il était à pied ; la foule le reconnaît, l'entoure aussitôt, le menaçant, l'injuriant, cherchant à l'atteindre pour le maltraiter. On accusait le gouvernement d'insuffisance. L'impopularité commençait.

Madame Émile Ollivier guettait de sa fenêtre le retour de son mari. Elle put juger, aux violences de la foule, qu'il était en péril. Quelques jeunes gens, attachés au ministère de la Justice, parvinrent jusqu'au garde des sceaux et, à grand'peine, le couvrant de leur corps, lui firent escorte jusqu'à ce qu'il eût franchi les portes, qui se refermèrent derrière lui.

A ce moment, la population, plus houleuse, plus exaspérée encore, réclamait à grands cris Monsieur Émile Ollivier. Il parut au balcon ; il harangua les manifestants, il parvint à les apaiser et ils se dispersèrent.

Des communications du Préfet de police envoyées à Saint-Cloud pour prévenir que des menaces étaient proférées contre l'Impératrice et que l'on pouvait craindre une descente des faubourgs ne modifièrent pas la détermination de rentrer dans Paris.

Vers minuit, un grand landau s'arrêtait devant le perron de la cour d'honneur. L'Impératrice y prenait place, accompagnée de la Comtesse de Rayneval, dame du Palais de service, du vieux Général Mollard, aide de camp de l'Empereur, et de l'Amiral Jurien de la Gravière.

Pas une parole ne fut échangée pendant tout ce trajet, durant lequel on s'attendait à chaque moment à rencontrer quelque troupe d'émeutiers marchant sur Saint-Cloud. Cette nouvelle épreuve fut épargnée à l'infortunée souveraine. A deux heures du matin, on était à Paris.

Le Conseil de Régence, qui s'était réuni à la nouvelle des désastres, s'était transporté aux Tuileries pour y attendre l'arrivée de l'Impératrice.

Le Maréchal Baraguey d'Hilliers, le Général de Chabaud-Latour, un des vétérans de l'armée, le Général Trochu, avaient été appelés à y prendre part. Durant ce conseil, qui ne finit qu'au grand jour, on prit les mesures les plus énergiques pour l'armement de la capitale, et l'on décida la convocation immédiate du Corps législatif. Respectant les lois constitutionnelles, la Régente considéra comme un devoir envers le pays d'appeler ses représentants à délibérer sur une situation aussi grave.

Plus tard, le Général de Chabaud-Latour, bien connu pour son attachement aux princes de la famille d'Orléans, appelé à déposer devant la commission d'enquête sur le 4 Septembre, s'exprimait ainsi :

« C'était dans la nuit du 7 au 8 août. On venait d'apprendre Forbach et Reichshoffen. Je fus appelé chez l'Impératrice avec les Ministres. Elle tint le langage le plus noble, le plus digne, elle nous dit :

« — Il ne s'agit pas de sauver l'Empire ; il s'agit de sauver la France. »

Dans un des nombreux testaments qu'il a cru devoir publier, le Général Trochu, faisant allusion à la même circonstance, avait écrit :

« L'Impératrice a montré du calme, du caractère, du cœur, des sentiments bien plus français qu'impérialistes. Je veux lui rendre ici cette justice. »

Impression fugitive. Quinze jours plus tard, c'était M. Jules Favre dont le Général Trochu admirait le caractère et s'attachait à suivre les avis, tout en réclamant pour lui-même le titre de président du gouvernement de la Défense nationale.

L'incertitude des nouvelles, les exagérations passionnées, les contradictions portaient un grand trouble dans l'esprit de ceux si nombreux hélas! qui avaient à l'armée des êtres chéris. Les services télégraphiques étant absorbés par les communications de l'armée et du gouvernement, on avait grand'peine à obtenir des nouvelles exactes. La Maréchale Canrobert avait appris indirectement les combats de Wœrth et de Frœschwiller. Fort inquiète, sans nouvelles du Maréchal, elle se décida, le 7 août, à venir en demander à l'Impératrice. Elle ignorait le retour de Sa Majesté à Paris.

Le soir, vers dix heures, elle se rendait à Saint-Cloud. Un silence profond enveloppait le palais. Sa voiture put arriver jusqu'au perron par le plus beau clair de lune du monde, sans rencontrer âme qui vive. Pensant qu'à cause de la chaleur, on avait éloigné les lumières et que sans doute on respirait le frais dans les parterres, elle se dirigea pour attendre vers le salon de service. Mais les appartements étaient déserts.

Enfin, la Maréchale rencontra un valet de pied qui l'informa du départ précipité de la veille, à la suite de la nouvelle d'une défaite

Dès le début de la campagne, l'Impératrice a donc vécu avec la double angoisse des désastres militaires et des menaces de trouble intérieur, qui venaient si fatalement compliquer les difficultés d'une situation terrible.

On peut s'étonner de la présence du Général Trochu à Paris, lorsque sa notoriété semblait le désigner pour un des postes les plus actifs de l'armée. Cette situation était toute fortuite.

Au moment de l'entrée en campagne, on se préoccupa du rôle important que la marine serait appelée à jouer pendant la guerre. On décida d'opérer une diversion puissante en envoyant une escadre dans la mer Baltique, avec un corps de troupes de quarante mille hommes dont les régiments d'infanterie de marine, signalés par tant de services lors des expéditions d'outre-mer, formeraient le noyau.

L'Empereur eut la pensée de confier au Prince Napoléon le commandement supérieur de la flotte et des troupes de terre appelées à former le corps de débarquement. Le Prince avait paru satisfait de cette mission et avait prié l'Empereur de confier le commandement des troupes au Général

Trochu, l'un de ses amis personnels. L'Empereur y souscrivit volontiers, satisfait de trouver un Général agréable au Prince Napoléon et désireux de servir sous ses ordres.

A l'un des conseils des ministres qui se tinrent à Saint-Cloud, on devait décider cette question. L'Amiral Rigault de Genouilly était en retard. L'Empereur guettait son arrivée par une des fenêtres de son cabinet, battant les vitres avec un peu d'agitation. Envoyer le Prince Napoléon dans la Baltique était une mesure qui aplanissait bien des choses. L'Empereur le désirait. Pourtant, il n'ignorait pas qu'à la suite d'un différend survenu, lors d'un récent voyage du Prince Napoléon, à bord de l'escadre que l'amiral Rigault commandait, une grande irritation était restée dans l'esprit de l'Amiral, et l'Empereur ne voulait rien décider sans l'aveu de son ministre de la marine.

L'Amiral Rigault de Genouilly était profondément attaché à l'Empereur. Avec beaucoup de mérite et d'esprit, il avait un sentiment très élevé du devoir, une grande autorité. Dès les premiers mots, il déclara qu'il était prêt à se retirer, mais qu'il n'accéderait pas à cette proposition. Le concours de l'Amiral Rigault de Genouilly comme ministre de la marine était indispensable en un pareil moment; l'Empereur renonça à son projet.

Le Général Trochu avait vu dans un commandement isolé comme celui de la Baltique l'occasion de déployer avec éclat ses talents militaires; mais, les désastres survenant, on dut abandonner la pensée de former un corps expéditionnaire. Toutes les troupes de la marine furent appelées à prendre part à la défense du territoire et l'escadre resta dans les ports. C'est ainsi que, les grands commandements ayant déjà été attribués à d'autres généraux, le Général Trochu se trouvait à Paris, sans emploi, dans la nuit du 6 au 7 août.

Le Général Trochu avait le sentiment de sa valeur. L'inaction lui pesait dans un pareil moment. Il perdit de vue les événements qui venaient jeter la perturbation à travers tous les plans arrêtés. Il crut à un parti pris de l'éloigner du théâtre de la guerre, pendant que d'autres auraient des occasions nombreuses de s'illustrer. Il fut profondément ulcéré. Ces regrets étaient légitimes de la part d'un des plus jeunes généraux de l'armée. Mais on ne pouvait instantanément lui créer un poste acceptable, celui pour lequel il s'était réservé faisant défaut.

L'Impératrice, l'esprit bourrelé des plus graves soucis, croyait pouvoir compter sur l'abnégation de chacun. Elle ne vit pas qu'elle se heurtait à une personnalité que rien ne devait désarmer.

Le nouveau ministre de la guerre, le Général Dejean, qui avait remplacé le Maréchal Leboeuf, ne semblait appelé qu'à jouer un rôle effacé. Au milieu des complications nouvelles, on le trouvait au-dessous de sa tâche. Ses collègues du cabinet comprirent qu'il fallait appeler au ministère de la guerre un homme plus actif, un organisateur, dont le nom serait plus connu, plus sympathique.

Ceux de Bazaine et de Trochu étaient sur toutes les lèvres. L'un et l'autre avaient eu l'art de s'envelopper de l'auréole des talents méconnus. Il y avait autour d'eux comme un petit parfum de fronde, qu'en France on aime à respirer. De toutes parts, on les désignait comme les plus capables de réparer nos revers. Ils avaient la confiance du pays. C'était beaucoup dans un pareil moment. Avec la logique des masses, un peu semblable à celle des enfants qui subissent leurs impressions sans raisonner, on disait :

— Puisque les autres généraux ont été battus, c'est qu'ils étaient incapables ; ceux-ci, à leur place, eussent été plus habiles !

Et l'on commentait, après coup, ce qu'il aurait fallu faire et prévoir ; le seul fait de n'avoir pas été au combat semblait les désigner pour la victoire.

La renommée des hommes publics n'est pas toute dans leurs talents ; il y faut aussi du bonheur. Ceux dont on proclamait la grandeur, l'héroïsme et le génie ne sont plus, au lendemain de la chute, que de plats et vulgaires tyrans. Puis, les passions s'apaisent. L'histoire vient, et refait la vie des hommes d'après leurs actes. C'est ainsi que de lumineuses figures ont surgi, tandis que des célébrités mensongères sont retournées à l'oubli.

Le 7 août, Monsieur Émile Ollivier télégraphiait à l'Empereur :

— « Dejean n'inspire de confiance à personne. Je demande à Votre Majesté de m'autoriser à signer en son nom un décret qui nomme Trochu ! L'effet d'opinion sera infaillible. »

Le Général Trochu plaisait aux parlementaires. C'était un critique éloquent dont les moindres causeries prenaient de suite les allures d'un discours de tribune ou d'une déclaration publique. Sa facilité d'élocution séduisait ceux qui croient à l'empire de la parole. Illusion d'un autre âge! Dans une époque de matérialisme comme la nôtre, avec les progrès de la science, alors que l'électricité transmet si promptement, si sèchement la pensée, quand le canon a une si grosse voix, ce sont des actes et des faits, non pas des paroles, qu'il faut pour gouverner les hommes.

Le cabinet du 19 janvier avait pris la responsabilité de la déclaration de guerre. Après les revers, il devenait odieux. Profondément ébranlé, contrairement peut-être aux intérêts du pays, il allait succomber. Le Général Trochu le comprit et refusa d'y entrer.

Vainement, Monsieur Schneider, le président de la Chambre, avait été chargé d'insister auprès de lui; vainement l'Impératrice lui envoya-t-elle l'Amiral Jurien de la Gravière pour faire appel à son patriotisme et le supplier d'accepter.

— Vous pouvez rendre les plus grands services,

lui dit-on. Vous êtes un organisateur. Le ministre de la guerre a aujourd'hui le plus grand rôle à jouer, pour faciliter les opérations de l'armée, pour réparer administrativement le désordre qui suit la défaite.

Sûre du patriotisme de Monsieur Émile Olivier auquel on pouvait demander tous les sacrifices, l'Impératrice fit même proposer au général Trochu la Présidence du Conseil. Pressé par Monsieur Émile Ollivier lui-même, le Général répondit :

— Mon entrée dans le cabinet ne pourra retarder d'un jour la chute du ministère que les événements accablent.

Rien ne put ébranler cette résolution. Il fallut songer à une autre combinaison. C'est alors que le portefeuille de la guerre fut accepté par le Général Palikao.

Au lendemain du premier conseil de Régence, qui eut lieu aux Tuileries dans la nuit du 6 au 7 août, à l'issue d'une nouvelle réunion de ce conseil, l'Amiral Jurien de la Gravière, qui assista à la plupart des incidents de cette époque, se rendit au salon de service, accompagné du Général Trochu, qui venait de prendre part aux délibérations.

— Croyez-vous, Général, lui dit l'Amiral, que nous puissions encore sauver la France et arrêter l'invasion allemande?

Alors le Général fit part de tout ce qu'il avait dit, écrit et pensé en politique, depuis de longues années. L'Amiral l'interrompit :

— Je ne vous parle pas politique à cette heure, dit-il. Je parle au soldat. Croyez-vous que l'Empire puisse encore sauver la France?

Le Général Trochu répondit vivement :

— On ne peut séparer la guerre de la politique : la guerre, c'est de la politique! Je ne sais où me portera la destinée.

Puis, le Général déclara qu'il avait voulu, au milieu d'événements si graves, se réserver devant la postérité. Son esprit était tristement hanté, disait-il, par le souvenir du maréchal Marmont.

— J'ai voulu prendre les devants et j'ai consigné toutes mes prévisions dans un testament déposé chez Monsieur Ducloux, notaire à Paris. Ce n'est pas pour ma fortune, car j'ai cent francs de rente et onze enfants.

Le Général parlait volontiers de ces onze enfants, les enfants de son frère, qu'il avait adoptés.

Cette conversation eut lieu en présence de Monsieur le Comte de Cossé-Brissac, chambellan de l'Impératrice; du Prince Poniatowski, écuyer de l'Empereur; d'un officier d'ordonnance, et de l'Amiral Jurien de la Gravière, qui seul était assez lié avec le Général Trochu, pour s'intéresser à des épanchements intimes.

Dans de tels moments, du reste, la vie et les intérêts de chacun sont si étroitement liés à la fortune du pays, que les considérations personnelles disparaissent devant le péril commun.

Ce n'est donc qu'après avoir vainement insisté auprès du Général Trochu, que Monsieur Émile Ollivier proposa le portefeuille de la guerre au Général Palikao, qui commandait à Lyon. Celui-ci revint immédiatement à Paris.

Par un singulier enchaînement de faits, le Général Palikao, appelé par Monsieur Émile Ollivier à entrer dans son ministère comme ministre de la guerre, fut chargé de former le cabinet qui remplaça celui du 2 janvier.

Peu après son entrée en fonctions, le nouveau ministre de la guerre, donnant une impulsion vigoureuse aux mesures de réorganisation militaire, formait rapidement de nouveaux corps d'armée. Le Général Trochu reçut le commandement du 12ᵉ corps, qu'il rejoignit à Châlons, où il devait retrouver l'Empereur.

Le rôle politique que le Général Trochu fut appelé à jouer comme gouverneur de Paris, pendant le siège, eut des conséquences si graves, qu'il peut être intéressant de rappeler ici les différentes phases de sa carrière.

En 1852, après le coup d'État, lorsque l'armée fut appelée à donner son avis sur la nouvelle forme du gouvernement, le chef d'escadron d'état-major Trochu inscrivait à côté de son vote la note suivante :

— Je vote *non* parce que c'est mon devoir.

Une simple négation bien nette en trois lettres ne paraissait pas suffisante à cet esprit déjà tourmenté du besoin de se répandre en paroles.

Six semaines plus tard, lorsque l'Empire, consacré par des millions de suffrages, était rétabli, le même officier refusait le poste de directeur adjoint du personnel, au ministère de la guerre, qui lui était offert par le Maréchal de Saint-Arnaud. C'était, pour un jeune officier, un poste enviable, qui lui assurait une influence considérable dans l'armée. Le témoignage de tous ses chefs, particulièrement la grande autorité du Maréchal Bugeaud, dont il avait été l'aide de camp en Afrique, le désignait comme un officier distingué, travailleur, brillant au combat. En déclinant les offres du ministre de la guerre, Trochu lui dit :

— Je suis dans une position trop délicate ; je vous compromettrais, je ne puis accepter.

Peu de jours après, le Maréchal renouvelait ses propositions. Monsieur Trochu n'était pas le seul officier distingué de l'armée française et un grand nombre étaient dévoués à l'Empire ; mais, dans cette circonstance, le Maréchal de Saint-Arnaud agissait d'après le désir de l'Empereur.

Avec la sérénité des âmes véritablement grandes, l'Empereur poussait jusqu'à la témérité l'oubli des injures. En appelant à une situation considérable pour son grade, un officier qui venait de donner une preuve éclatante de son hostilité, quelle était la pensée de l'Empereur ?

— Insistez, avait-il dit au ministre de la guerre,

je veux donner à l'armée un gage de mon désir de conciliation et de ma confiance.

Le Maréchal de Saint-Arnaud connaissait le cœur humain. En homme d'esprit qu'il était, il ordonna, et Monsieur Trochu dut se rendre. Il collabora avec zèle à tous les actes qui marquèrent le ministère du Maréchal de Saint-Arnaud et fort apprécié de son chef, en 1854 il était le premier aide de camp du Maréchal en Crimée.

Sous ce chef éminent, il prit une part active à l'organisation de l'armée. Après la bataille de l'Alma, le colonel Trochu était fait général de brigade. On lui propose le poste de chef d'état-major général de l'armée. Il refuse, afin de ne pas déposséder le Général de Martimprey. Cette réserve l'honore, mais n'implique pas que le gouvernement impérial voulait le tenir à l'écart. Blessé à l'assaut de Malakoff, on lui offrit de nouveau, à son retour en France, la direction du personnel de l'infanterie. Il refuse encore, alléguant ses idées, qui n'étaient pas celles qui semblaient devoir être mises en œuvre, pour la réorganisation de l'armée, dont l'Empereur se préoccupait déjà. C'était une occasion cependant de chercher à les faire prévaloir. Lors de la guerre d'Italie, sa division se bat avec éclat à Solférino, sous les ordres du Maréchal Canrobert. De 1859 à 1867, il occupe les postes de membre du comité d'état-major, d'inspecteur de l'infanterie. Le commandement de l'expédition de Chine lui fut offert avant d'être donné au Général Montauban. Il refusa. Il eût pu être aide de camp de l'Empereur, sénateur, etc..., mais il boudait toujours.

En toute circonstance, l'Empereur eut à cœur de lui être agréable et d'honorer en lui un homme qui avait rendu des services au pays. Le Général Trochu perdit son frère, qui laissait une veuve et onze enfants. L'Empereur, sachant que ce dernier ne possédait aucune fortune, envoya 20 000 francs à la mère de cette nombreuse famille. Le Général demanda à l'Empereur une audience pour le remercier. Avec beaucoup de désintéressement, il rapporta les 20 000 francs, déclarant qu'il se chargeait des enfants de son frère. Néanmoins, il accepta pour sa belle-sœur un bureau de tabac d'un bon rapport, et des bourses pour l'éducation de ses neveux et nièces.

En 1867, au moment où le Maréchal Niel préparait la réorganisation de l'armée, le Général Trochu était venu passer quelques jours à Compiègne. Il faisait partie de la commission chargée d'élaborer les lois nouvelles. Peu de temps auparavant, il avait publié une brochure qui fit grand bruit en Europe. Il y signalait les côtés faibles de notre régime militaire.

Dans cette brochure qui résumait avec talent les idées émises par tous les militaires compétents, le Général Trochu ne laissait intacte aucune des institutions de l'armée, mais s'en fiait à d'autres pour indiquer le remède. Cet ouvrage, très commenté, avait été lu par l'Impératrice. Sa Majesté avait exprimé sa sympathie pour l'auteur d'un acte de courageuse indépendance qui pouvait provoquer bien des rancunes. Le Général fut très bien accueilli à Compiègne où je me trouvais en même temps que lui. Il venait rarement à la cour, où il connaissait peu de monde. Sachant être agréable à l'Impératrice et le voyant un peu isolé, j'invoquai mon titre de compatriote et je le priai, le soir de son arrivée, de m'offrir le bras pour passer au dîner. Le Général se confondit en protestations d'une extrême modestie.

— Je ne puis accepter, me disait-il, votre place est au premier rang et je dois rester confondu parmi la foule.

Je m'empressai de le rassurer en lui faisant observer que tous les hôtes de l'Empereur étaient égaux ; mais je ne pus m'empêcher de voir dans cette réserve que rien ne motivait une sorte d'affectation, les généraux de division ayant généralement le pas sur la plupart de ceux avec lesquels ils se rencontrent. Pendant le séjour qu'il fit alors à Compiègne, le Général Trochu eut plusieurs conversations avec l'Impératrice, pour laquelle il témoignait hautement, et souvent à moi-même, son admiration et son respect.

Le Corps législatif se réunit le 9 août. Un grand nombre de députés se trouvant déjà à Paris, avant l'ouverture de la session, les différents partis se groupèrent pour délibérer, chacun apportant ses passions, ses ambitions, ses craintes.

Aux yeux d'un groupe considérable de la Chambre, le cabinet du 2 janvier représentait une politique dangereuse. L'agitation qui régnait dans Paris semblait donner raison à ceux qui avaient vu, à regret, l'Empereur inaugurer une ère plus libérale, en se désarmant d'une partie de son autorité.

Les ministres étaient à leurs yeux responsables des velléités révolutionnaires, qui s'accentuaient et qui ajoutaient un nouveau danger aux embarras de la situation. Ils décidèrent d'envoyer des délégués à l'Impératrice afin d'obtenir le renvoi du ministère Ollivier.

L'Impératrice pensait qu'une crise gouvernementale, en présence de l'ennemi, jetterait dans le pays un élément de trouble redoutable. Elle refusa de se séparer des ministres.

Le 9 août, le jour de la réunion de la Chambre, une foule houleuse entourait le Corps législatif. Ceux qui allaient devenir les chefs de l'insurrection du 4 Septembre s'y étaient donné rendez-vous et communiquaient avec la foule. Prévenu par des rapports de police, le Maréchal Baraguey d'Hilliers, gouverneur de Paris, était venu de sa personne, afin de s'assurer que toutes les dispositions étaient prises, pour permettre aux représentants du pays de délibérer en sûreté. A un moment donné, il y eut un commencement d'envahissement de la Chambre et la foule pénétra jusque dans les jardins. Le vieux Maréchal, portant son chapeau sous son bras mutilé, s'avança seul, la tête découverte, au-devant de la populace! Son vieux visage énergique et bronzé avait une expression d'autorité hautaine.

— Allons, dit-il de sa voix brève, retirez-vous et dispersez-vous. Sinon, vous savez, je ne badinerai pas.

On se le tint pour dit, et il n'y eut pas lieu de faire intervenir la troupe ce jour-là.

La séance fut très agitée; les ministres, pris à parti, eurent mille peines à se faire entendre. Monsieur Émile Ollivier eut à supporter les plus violentes attaques.

Les chefs du parti des irréconciliables, qui exigeaient l'armement immédiat de la garde nationale, provoquèrent une discussion conduite avec la plus grande animosité; elle aboutit à un ordre du jour de méfiance contre le ministère. Il est voté à une immense majorité. Les ministres se retirent aussitôt pour aller remettre leur démission à la Régente.

Le matin même, un conseil des ministres avait

eu lieu dans lequel Monsieur Émile Ollivier avait insisté pour que l'Empereur revînt à Paris. L'Impératrice s'était opposée à ce projet ; elle envisageait le retour de l'Empereur, abandonnant ses soldats après la défaite, comme un acte fait pour déshonorer un souverain. De plus, elle était informée que le retour de l'Empereur à Paris soulèverait une grande hostilité dans la population.

L'Empereur avait déjà renoncé de fait à son commandement. Dépouillé du prestige qui s'attache aux victorieux, atteint par la responsabilité soulevée autour du gouvernement qu'on accusait d'imprévoyance, l'Empereur, rentrant abattu dans Paris, serait-il parvenu à ranimer la confiance? On avait de trop justes raisons de craindre que ce retour ne devînt au contraire le signal d'une insurrection terrible. Monsieur Émile Ollivier avait soutenu son idée avec la plus grande énergie contre l'Impératrice, qui s'y opposa constamment.

— Que l'Empereur rentre dans sa capitale après le plus léger avantage, disait-elle, et comment ne pas l'espérer, lorsque les hostilités ne sont engagées que depuis quelques jours; alors, on se serrera autour de lui. Mais c'en est fait de l'autorité de l'Empereur, s'il vient échouer à Paris sous les insultes de la populace; et demander de la prudence, de la déférence aux Parisiens, après les échecs que nous venions de subir, il n'y faut pas songer.

Paris était presque entièrement dépourvu de troupes. Tout était parti pour la frontière. On n'aurait pas même pu réprimer une émeute. Ce sont ces considérations qui ont constamment inspiré la Régente, pour l'engager à écarter de la personne de l'Empereur des amertumes et des dangers qu'elle considérait, en même temps, comme nuisibles aux intérêts, à la dignité du pays; car, dans son esprit, l'honneur de la France était encore plus atteint par la Révolution devant l'ennemi que par la défaite.

Monsieur Émile Ollivier voulait, après avoir obtenu le retour de l'Empereur et dans la nuit même, faire arrêter tous les chefs de l'opposition. Les mandats d'arrêt étaient préparés. L'Impératrice s'y refusa.

Pendant le conseil, au cours de cette discussion qui fut très vive, Monsieur Émile Ollivier se trouvait placé dans un courant d'air. Il était un peu souffrant, ayant gagné un enrouement la veille, en haranguant la foule du haut de son balcon. Il demanda la permission de fermer une fenêtre.

— Il faut, dit-il, que je puisse parler à la Chambre.

L'Impératrice se leva et allant à la fenêtre, elle la ferma elle-même.

La dernière entrevue de l'Impératrice avec les ministres du 2 janvier fut courte et douloureuse pour tous. On avait traversé de concert la période d'un plébiscite triomphant et l'on se séparait l'âme en deuil, dans un péril où tout menaçait le pays. Quand on a partagé les mêmes épreuves, qu'on a souffert des mêmes maux, les paroles sont puériles.

La Régente pria le Général Palikao de constituer un cabinet.

Monsieur Émile Ollivier fut chargé d'annoncer la formation du nouveau ministère. Ce fut son dernier acte de gouvernement. Peu de jours après, il se retirait en Suisse, où il demeura jusqu'à la fin de la guerre.

CHAPITRE VII

L'Impératrice Régente. — Borny. — Longeville. — Nancy. — Le 15 août à Paris. — Le 15 août à Metz. — Le Maréchal Canrobert. — Les pompiers ruraux. — Les préparatifs du siège. — La Société de secours aux blessés militaires. — La Baronne de Bourgoing. — La Maréchale Canrobert. — Madame Coralie Cahen. — Le département de l'Aisne. — Activité dans Paris. — Les Tuileries. — L'émeute de la Villette. — Le Général Vinoy.

Dès lors commença pour l'Impératrice la tâche la plus douloureuse, la plus accablante qu'il ait été donné à aucune femme, à aucune souveraine de remplir.

Dans un pays comme le nôtre, dès que le canon parle, toute autre puissance a cessé. C'est lorsque toutes nos forces étaient écrasées à la frontière, sans aucune alliance, avec une Chambre qui s'effondrait, que l'Impératrice dut entreprendre de diriger, d'encourager, de modérer la nation ; qu'elle dut essayer de maintenir l'autorité du gouvernement impérial, que les plus funestes divisions cherchaient à briser dans ses mains.

Les élections de 1869 avaient été faites sur des promesses de désarmement, ainsi que le prouvent la plupart des professions de foi de l'époque, sans distinction de parti ; et cela malgré les idées nettement exprimées de l'Empereur, celles du Maréchal Niel.

La Chambre ne voulait pas accepter la responsabilité des revers. Elle s'épuisait dans un parlementarisme énervant, touchait imprudemment à toutes les questions militaires, agitait le pays en y répandant par la tribune les bruits vrais ou faux que l'on acceptait sans contrôle, envoyant ainsi à l'ennemi des indications dont il s'empressait de profiter, ainsi qu'on peut le voir dans les rapports du grand État-major prussien.

Des suspicions douloureuses sur le rôle de l'Empereur à l'armée continuaient à se produire. A la Chambre, Monsieur Barthélemy Saint-Hilaire insistait insidieusement auprès du gouvernement, pour savoir si le Maréchal Bazaine était bien le commandant absolu et sans contrôle de l'armée; si la Garde Impériale marchait sous ses ordres comme les autres corps.

Dans un procès célèbre, le Maréchal de Mac-Mahon s'est chargé de répondre; il rappela les circonstances dans lesquelles il avait été investi du commandement de l'armée de Châlons qui restait placée sous les ordres supérieurs du Maréchal Bazaine. Les paroles du Duc de Magenta ont une portée historique que nul ne contestera :

— « Lorsque j'ai été nommé commandant de l'armée de Châlons, j'ai reçu ma lettre de service et j'ai été demander à l'Empereur quels étaient les rapports qui devaient exister entre lui, le souverain, et le commandant en chef de l'armée de Châlons. L'Empereur m'a répondu que, par des considérations qu'il n'avait pas à me faire connaître, il faisait abstraction de lui, qu'il en avait décidé ainsi, qu'il me remettait le commandement et qu'il ne s'occuperait pas des opérations. Je dois dire que tous les mouvements qui ont été ordonnés, l'ont été par moi, et ces mouvements, cela est avéré, étaient l'inverse de ce que l'Empereur voulait faire. »

La loyauté avec laquelle le Duc de Magenta assuma la responsabilité de toutes les opérations de l'armée de Châlons honore le glorieux vaincu de Reichshoffen et de Sedan.

L'agitation menaçante de Paris, de Lyon, de plusieurs grandes villes inspirait les plus vives alarmes ; et les gens sensés comprenaient la force que nos divisions prêtaient aux efforts de l'ennemi.

A travers tant d'épreuves, l'Impératrice montra une grandeur d'âme, une fermeté que ses amis pouvaient attendre d'elle, mais qui surprit ceux qui, la connaissant moins, eurent alors occasion de la voir.

La dynastie Impériale, recevant la consécration de la volonté nationale, avait pour mission, aux yeux de l'Empereur, de donner à la France gloire et prospérité. La Régente, durant cette période, s'élevant au-dessus de toute pensée dynastique, ne se préoccupa que des intérêts du pays.

A toutes les considérations politiques qui lui étaient soumises pour sauvegarder l'avenir de son fils, pour ménager les droits du gouvernement Impérial, l'Impératrice, fidèle aux vues de l'Empereur, répondait invariablement :

— Ne nous occupons pas de la dynastie, ne songeons qu'à la France.

Au prix de sa vie, au prix du trône, malgré les menaces révolutionnaires dont elle était enveloppée, l'Impératrice commença par envoyer à la frontière toutes les forces disponibles.

— Le sang français est trop précieux à cette heure, avait-elle dit, il n'en coulera pas une seule goutte pour ma défense.

C'est dans cette pensée que l'Impératrice quitta les Tuileries, le 4 septembre, renonçant à un pouvoir que lui arrachait sans lutte l'émeute triomphante, dont la joie et l'ivresse retentissaient dans les rues de Paris, tandis que les plus nobles de nos enfants tombaient sur les champs de bataille et que l'ennemi vainqueur pénétrait jusqu'au cœur de la patrie.

On a été jusqu'à prétendre que l'Impératrice, obéissant à je ne sais quel rêve d'une autre époque, avait précipité le pays dans les aventures de la guerre criminelle, afin d'arracher le pouvoir aux mains débiles de l'Empereur. Car, pour que la fable pût être revêtue de quelque vraisemblance, il fallait nécessairement représenter l'Empereur comme soumis à un affaiblissement moral qui lui enlevait toute initiative. Or, si la santé de l'Empereur a été cruellement éprouvée, jamais une heure de défaillance n'a troublé ce grand et noble esprit resté, jusqu'au dernier jour, ferme et lumineux. C'est là, du reste, une combinaison de faits qui s'écroule devant la plus simple réflexion et dont le temps a déjà fait justice.

Dans un gouvernement où la personnalité du souverain tenait une place aussi prépondérante, lorsque par trois fois le pays consulté lui avait remis le soin de ses destinées; lorsqu'autour de la personne de l'Empereur se groupait un faisceau d'hommes d'État dévoués, éclairés, pleins de talent, comment admettre que l'Impératrice ait pu songer à se substituer à celui qui, depuis vingt ans, gouvernait avec une autorité, avec un prestige qu'on ne connaissait plus?

Pendant dix-huit années, l'Impératrice n'avait-elle pas suivi de près les difficultés au milieu desquelles s'était développé le principe du gouvernement impérial? Elle connaissait bien le caractère français. En faisant abstraction des mobiles élevés et généreux qui n'ont pas cessé d'animer l'âme de la Régente, comment eût-elle été assez aveugle pour ne pas comprendre qu'un gouvernement confié à des mains féminines n'aurait eu en France aucune chance de durée, même en admettant chez l'Empereur, ce qui était faux, le déclin de ses facultés.

L'intérêt de l'Impératrice comme souveraine, comme mère, son rôle politique n'était-il pas, au contraire, de sauvegarder le prestige de l'Empereur? Intelligente, perspicace comme elle l'était, mieux que personne l'Impératrice savait bien que tout ce qui aurait pu amoindrir la personnalité de l'Empereur aurait été un affaiblissement pour le régime. Sur quelles forces, dans un pareil moment, se serait-elle appuyée pour fonder des espérances ambitieuses?

Ambitieuse, oui, l'Impératrice l'était, mais avec l'élévation d'un caractère chevaleresque, elle était ambitieuse de la grandeur de la France, de la gloire de son époux.

Belle, adulée, comblée d'hommages, si l'Impératrice avait eu le goût de l'intrigue et du pouvoir, il lui eût été facile, à travers les incertitudes, les divisions des partis, de se créer un rôle qui, aujourd'hui encore, pourrait occuper son esprit. A-t-elle jamais cherché à protester contre des imputations qui blessaient la fierté d'un cœur comme le sien? N'a-t-elle pas accepté le poids de certaines responsabilités, dont la passion des partis a voulu accabler sa mémoire?

Si telle avait été l'Impératrice, l'aurait-on vue, indifférente à elle-même, n'ayant plus ni patrie ni famille, séparée du monde par la douleur, s'enfermer dans la solitude et le silence, comme si sa vie n'eût eu d'autre mobile que la vie de ceux qu'elle aimait? Depuis près de vingt années, cette souveraine, dont la grâce et la beauté ont ébloui le monde, n'attend plus rien de la vie. Son âme a connu le néant des grandeurs humaines. Toutes ses heures appartiennent au culte du plus douloureux, du plus touchant souvenir, et il semble que sa pensée ait été ensevelie avec son cœur, dans un tombeau.

Le 14 août, une dépêche de l'Empereur annonçait un succès à Borny et Longeville. Mais en même temps, on apprenait que Nancy était occupé par un détachement de cavalerie prussienne. En effet, quatre uhlans, les uhlans légendaires que nous devions retrouver durant la campagne, à la tête de tous les mouvements de l'armée prussienne, étaient entrés dans Nancy ville ouverte, comme quatre sportsmen en déplacement seraient arrivés à un rendez-vous de chasse.

Le 15 août fut un des jours de cette douloureuse époque, dont le souvenir m'est resté inoubliable. Bien rarement l'Impératrice passait seule cette journée, consacrée d'ordinaire à des réjouissances publiques. On avait appelé à Paris tous les pompiers des départements, pour concourir à la défense de la capitale. Les voies publiques étaient encombrées de ces braves gens qui quittaient leur village, le casque en tête, dans des accoutrements plus ou moins démodés. Rien n'était moins martial que leur allure, car tous les hommes jeunes et valides étaient déjà partis, et ceux-là, pour la plupart, étaient hors d'état de tenir la campagne. Ils se promenèrent ainsi par la ville, une grande partie du jour, acceptant le vin d'honneur des habitants.

Vers le soir, la chaleur ayant été accablante, lorsque le jardin des Tuileries fut fermé, l'Impératrice, pâle et silencieuse, la tête enveloppée d'une dentelle blanche, s'achemina lentement, suivie d'un petit groupe, à travers les grands massifs des marronniers. Pas une parole n'était échangée, lorsque, près du grand bassin, éclatèrent à la fois les échos discordants de cent fanfares réunies. C'étaient les pompiers qui se rassemblaient sur la place de la Concorde pour regagner ensemble leurs casernements.

L'Impératrice avait eu, durant la journée, le sentiment pénible de cette multitude inutile. Elle eut, à ce bruit assourdissant, une véritable commotion de douleur et nous revînmes sur nos pas. La masse sombre du palais se détachait sur un ciel embrasé.

— Voyez, me dit Sa Majesté, élevant tout à coup la voix, on dirait que les Tuileries sont en flammes!

En rentrant dans les salons, le visage de l'Impératrice avait une expression rigide qui me frappa. Avec ses vêtements blancs, son voile léger, ses beaux traits amincis, sa pâleur transparente, on eût dit une statue de marbre à peine animée.

Ce même jour au matin, le lendemain de la

bataille de Borny, la veille de Rezonville, le Maréchal Canrobert, ayant appris que l'Empereur se préparait à quitter Metz avec l'armée du Maréchal de Mac-Mahon, voulut le saluer avant son départ. Il arriva au campement du Ban Saint-Martin, où l'Empereur se trouvait dans une auberge, prenant une tasse de ce café épais et trouble, tel qu'on le prépare dans les villages. Le front appuyé sur sa main, l'air profondément affecté, l'Empereur restait immobile et silencieux.

— Comment! c'est vous, Maréchal, dit l'Empereur surpris. Qu'y a-t-il? Des nouvelles?

— Non, Sire, répondit le Maréchal, mais c'est le 15 août, le jour de la fête de Votre Majesté. Comme tous les ans, je lui apporte mes vœux.

— En effet. Je n'y avais point songé, dit l'Empereur; puis, secouant tristement la tête : Merci de vous en être souvenu, mon cher Maréchal.

Et l'Empereur retomba dans son silence. Alors le Maréchal insista sur la nécessité d'un prompt départ. La situation était très critique. La retraite pouvait être coupée d'un moment à l'autre. Le départ fut résolu pour le lendemain.

Le Maréchal ne se trompait pas. L'ennemi était

bien près. A peine le Maréchal avait-il quitté l'Empereur qu'un obus tombait au milieu de son état-major, tuant un colonel et un commandant, blessant quelques autres personnes. Ce fut la dernière entrevue du Maréchal Canrobert avec l'Empereur pendant la campagne, jusqu'à la captivité de Wilhelmshœhe.

L'activité dans Paris était devenue ardente. Comme dans une immense fourmilière, tous les efforts se tournant vers un but unique, il semblait que la vie individuelle eût cessé. Chacun apportait son aide à la défense commune; une sorte de confraternité généreuse s'était établie au sein de la population. Tous les corps d'état étaient mis à contribution pour la défense.

Avec une rapidité inouïe, la vie de la cité changeant de but, Paris se transforma en un vaste camp. Une pensée unique, un même intérêt faisaient battre tous les cœurs. On put alors mesurer la force de cette union, qui ne fut, hélas! que passagère, chacun tenant à honneur de concourir au salut de tous, au péril commun.

Le Frère Philippe, supérieur général des Frères de la Doctrine chrétienne, vint trouver l'Impératrice et mit à sa disposition le travail de tous ses enfants. Une partie des sacs à terre destinés aux fortifications furent confectionnés par eux.

Dans les mansardes, dans les salons, dans les ateliers, dans les hôpitaux, dans les prisons, chacun reçut sa tâche. Sous les mains débiles des vieillards et des enfants, sous les mains aristocratiques des femmes les plus élégantes, des monceaux de charpie s'amoncelaient. Depuis les plus riches maisons jusqu'aux plus pauvres ménages, chacun voulut contribuer à secourir les maux que les combats allaient causer.

Le Palais de l'Industrie était encombré d'offrandes de toute nature, destinées à adoucir le sort de nos soldats. C'est là que l'on centralisait tous les dons, c'est là qu'était le siège de la Société de secours aux blessés de terre et de mer, qui, sous la croix rouge de Genève, accomplit modestement, non seulement tant de bienfaits, mais tant d'actions héroïques.

Dès l'origine, l'Empereur et l'Impératrice s'étaient vivement intéressés à cette œuvre. Ils concoururent à son développement par des dons considérables en argent, linge, objets de toute

11.

nature. L'Impératrice s'en était réservé la présidence. La famille de Rothschild s'y intéressa de la façon la plus généreuse et, au moment de la guerre, elle y consacra des sommes importantes. Après le départ de l'Empereur pour l'armée, le comte de Flavigny prit la direction générale de l'œuvre, et plus tard, la comtesse de Flavigny en devint présidente. Le docteur Nélaton dirigeait la partie chirurgicale. Grâce à son enseignement pratique, un grand nombre de femmes, appartenant à toutes les classes de la société, furent bientôt en mesure d'appliquer les pansements élémentaires, de donner les premiers soins aux malades et aux blessés qui leur seraient confiés.

La Baronne Philippe de Bourgoing, fille de Monsieur Dollfus de Mulhouse, dont le mari était écuyer de l'Empereur, s'était chargé de la direction de la lingerie, œuvre colossale, où il fallait réunir, approprier, mettre en usage et distribuer tout le linge destiné au service des ambulances de l'armée.

Un jour, comme elle était au milieu de ces occupations si multiples et si fatigantes, on vint dire à Madame de Bourgoing que son mari avait été reconnu parmi les cent-gardes dont le magnifique cortège défilait dans les Champs-Élysées, à la tête des troupes qui partaient pour l'armée. Le Baron Philippe de Bourgoing, député de la Nièvre, avait vu avec regret qu'il n'était pas désigné pour suivre l'Empereur pendant la campagne. A l'insu de tous et pour se rapprocher de la personne de l'Empereur, auquel il était attaché depuis de longues années, il s'était engagé, pour la durée de la guerre, dans les cent-gardes, dont les fonctions étaient de toujours escorter l'Empereur.

Madame de Bourgoing elle-même ignorait le parti que venait de prendre son mari. Il le lui avait caché afin de ménager ses inquiétudes. Il savait pourtant qu'il pouvait compter sur son dévouement et son courage. Madame de Bourgoing vit défiler son mari, celui qu'on nommait à la cour le beau Philippe, puis elle reprit sa tâche, le cœur plein d'une émotion que l'on devine.

La surveillance du service des ambulances à envoyer sur les champs de bataille était échue à la Maréchale Canrobert. Il fallait composer le personnel complet de chaque ambulance, réunir les pansements, les médicaments, les ustensiles nécessaires, donner à chaque chose son attribution, tout prévoir.

Chaque jour, au Palais de l'Industrie, dans sa modeste robe de serge grise, on pouvait voir la Maréchale, belle comme les reines des légendes, active et dévouée, organisant, surveillant, avec une sollicitude intelligente, tout ce qui pouvait assurer le soulagement de nos blessés.

Plus tard, lorsque la Maréchale voulut rejoindre le Maréchal à Metz et qu'elle y pénétra le jour de la capitulation, elle trouva une des ambulances organisées par ses soins. Cette ambulance avait à sa tête une dame israélite, Madame Coralie Cahen, dont le courage et le dévouement avaient été admirables, durant les tristesses de ce lamentable siège.

La petite charrette de Madame Cahen s'était trouvée sur tous les champs de bataille des 14, 16 et 18 août, ramassant les blessés, donnant tous les soulagements aux agonisants. La Maréchale l'apprit de la bouche même des soldats. Toute l'armée vénérait cette femme bienfaisante. Quand la Maréchale arriva à Metz, la fièvre typhoïde, suite des privations et des fatigues du siège, sévissait sur nos soldats. Auprès des malades, Madame Coralie Cahen déployait le même dévouement, le même zèle infatigable, et la Maréchale fut heureuse de constater les immenses services que cet envoi de la Société de secours aux blessés avait rendus à l'armée.

Lorsqu'on décida de mettre Paris en état de siège, je priai l'Impératrice de vouloir bien m'autoriser à rester auprès d'elle. Notre résidence dans l'Aisne, l'ancienne abbaye de Nogent voisine de Coucy-le-Château, située entre Laon, La Fère et Soissons, était sur la ligne d'invasion.

Le département de l'Aisne était indiqué comme un de ceux qui ressentiraient les premiers chocs. Le plateau de Laon avait été le centre des opérations militaires des armées alliées en 1814; et la mémoire fidèle des survivants de cette époque se ranimait pour rappeler les petits faits locaux qui, alors, avaient ensanglanté et terrorisé le pays.

Le bruit courait qu'on allait établir autour de Laon un camp retranché de 40 000 hommes, que la citadelle allait être armée, la ville fortifiée. Cependant on n'apercevait aucune trace de ces travaux.

Dans les premiers jours d'août, je prenais mon

service auprès de l'Impératrice, qui me montra une lettre de M. Ferrand, le Préfet de l'Aisne, annonçant au ministre de l'intérieur les dispositions belliqueuses de la population et parlant des canons de la citadelle braqués sur la plaine.

J'avais de fréquentes occasions d'aller à Laon. Je connaissais les canons de la forteresse. Ils gisaient rouillés dans l'herbe, auprès de leurs affûts effondrés. Un seul était entretenu par les gardes d'artillerie pour donner le signal des jours de fête. Je dus détromper l'Impératrice.

Ce fut une des grandes amertumes de cette époque, que les illusions inexplicables de ceux qui avaient mission de renseigner le pouvoir. La naïveté avec laquelle on préparait des moyens de défense parait à peine croyable. La vieille citadelle de Coucy, dont les ruines majestueuses dominent le pays, attestant la puissance d'un autre âge, avait été pourvue d'une barrière mobile, sorte de claie qui s'ouvrait sous les larges portes crénelées et qu'un enfant pouvait faire mouvoir.

On voyait dans certaines communes les hommes s'exerçant à la manœuvre avec de faux fusils, en bois grossièrement équarris. On parlait de semer nos bois de chausse-trapes, de pièges à loups. De quelles chimères ne s'est-on pas bercé !

Je me souviens qu'un jour Monsieur Carette reçut un homme qui lui confia, avec le plus grand mystère, qu'il avait un moyen infaillible de mettre nos soldats à l'abri des projectiles sur le champ de bataille. Il venait nous demander une lettre de recommandation pour le ministre de la guerre, afin de lui soumettre son projet, et demandait à lui être adressé d'urgence. Monsieur Carette voulut s'assurer de la valeur d'une telle découverte, et il mit à la disposition de cet homme des ouvriers, pour l'aider à fabriquer l'engin qu'il voulut bien se prêter à expérimenter lui-même.

Deux jours après, l'inventeur revenait, portant soigneusement cachée à tous les regards une plaque en tôle étroite et longue qu'il s'agissait d'adapter au sac du soldat, en l'orientant suivant le tir.

Il s'était procuré un sac d'infanterie auquel il appliqua sa machine, et se plaçant devant Monsieur Carette, qui tenait une carabine chargée à balle, il insistait pour que l'on tirât sur lui, prétendant que la mobilité de cette tôle devait faire ricocher la balle et la détourner. Monsieur Carette se refusa naturellement à tenter une semblable expérience. Notre homme comptait sur sa prudence et son humanité.

On accrocha le sac après un arbre et se plaçant à longue portée Monsieur Carette tira. La balle traversa la tôle, le sac et l'arbre et le prétendu inventeur se retira la vie sauve, mais assez confus.

C'était un ouvrier de passage; il se disait mécanicien et s'était arrêté à Coucy pour réparer les orgues de l'église. Bien qu'il fût porteur de papiers très en règle, j'ai toujours soupçonné que c'était un espion allemand. Si je raconte ce petit fait, c'est pour montrer jusqu'où allaient les idées fantaisistes qui surgissaient de tous côtés.

Monsieur Carette, très attaché au pays par d'anciens liens de famille, maire et conseiller général depuis longtemps, ne songeait point à s'éloigner. Cependant il redoutait pour moi, pour nos enfants les événements qui devaient se produire dans un canton isolé où, si l'ennemi venait à pénétrer, nous aurions été exposés à toutes les chances de la guerre. Il savait surtout que, profondément attachée à l'Impératrice, je considérais comme un bonheur et un honneur d'être appelée à partager sa fortune.

Le 12 août, je conduisis mes enfants, dont l'ainé avait trois ans à peine, à Dieppe chez des parents qui s'y étaient réfugiés.

Les scènes d'attendrissement des familles qui se séparaient, sans savoir quand on pourrait se retrouver, l'encombrement, le désordre de toutes les gares, la cohue du départ, ce que l'on disait, ce que l'on voyait, donnaient à toutes les actions une apparence d'égarement. On agissait sous le coup de l'affolement général, comme dans une sorte de rêve agité, où les notions réelles de la vie échappent à la raison.

Après avoir conduit mes enfants chez les personnes qui voulaient bien les recevoir, je rentrai à Paris fort troublée et me demandant si ce n'était pas deux petits orphelins que je venais d'abandonner. La situation de l'Impératrice était si touchante, sa douleur, son courage si admirables, que l'on trouvait près d'elle la force de surmonter les sentiments les plus naturels. C'était pour moi une consolation et un devoir de lui marquer mon attachement en quittant tout pour rester auprès d'elle.

Paris ressemblait à un vaste champ de foire. D'immenses voitures de grains et de fourrages, des troupeaux de bœufs et de moutons circulaient dans les rues, pour l'approvisionnement de la capitale. On parquait les bestiaux dans le bois de Boulogne, dans le bois de Vincennes.

Devant toutes les maisons stationnaient des voitures de déménagement. Un grand nombre des habitants de la ville se préparaient à la quitter, tandis que ceux de la banlieue se réfugiaient dans l'enceinte des fortifications. On avait mille peines à se procurer, même à prix d'or, des moyens de transport. On alla jusqu'à utiliser les voitures des pompes funèbres pour enlever les mobiliers; et, le grotesque se mêlant au tragique, on put voir, dans une promiscuité macabre, d'élégants colifichets traînés par des corbillards. Je me souviens d'avoir rencontré dans la rue de Rivoli un char funèbre portant une toilette à coiffer en dentelles, sur un transparent de soie rose toute pomponnée de rubans.

Le Palais des Tuileries était morne et désert. Chaque année, vers la fin du mois de juin, la Cour quittait Paris pour plusieurs mois. C'était énéralement après le Grand Prix. Les tapissiers du Garde-Meuble venaient alors enlever les rideaux, les tapis. On recouvrait les meubles de housses et tout restait ainsi jusqu'au milieu de décembre, où la cour revenait de Compiègne. Au mois d'août 1870, dans la précipitation du retour de Saint-Cloud, on n'avait pu songer à rendre aux appartements leur élégance accoutumée. Ces grands salons, dans leurs enveloppes de toile grise, avaient un aspect de tristesse glacée, plus saisissant encore par le contraste de la richesse des peintures, de l'ornementation des lambris et des plafonds. On avait enlevé les bibelots, les menus objets qui donnent aux pièces que l'on habite un air de vie intime. Il y avait habituellement partout une profusion de fleurs; les grands vases, les jardinières étaient vides.

Sous l'influence de l'inquiétude perpétuelle où nous vivions, une impression pénible serrait le cœur dès qu'on entrait dans ces vastes appartements, qui semblaient déjà voués à l'abandon. On y parlait à voix basse comme dans les chambres de malades. Dans les appartements particuliers de l'Impératrice, la tenture de soie verte et les meubles étaient recouverts d'une perse lustrée à grands bouquets d'iris mauve. Plus agréable à la vue que les vulgaires enveloppes grises des autres salons, cette toile fleurie ne paraissait guère en rapport avec les boiseries d'acajou rehaussées de fines ciselures en bronze doré, les meubles Louis XVI, les merveilleux tableaux, les bronzes, les riches collections. Tout entière aux devoirs qui l'accablaient, l'Impératrice ne permit pas qu'on changeât rien dans un pareil moment.

Sa Majesté vivait dans un tourbillon d'occupations qui la privait même du repos de la nuit.

Il y avait jusqu'à deux et trois conseils des ministres par jour. Les communications de tous les services administratifs, de l'armée, de tous les Préfets arrivaient aux Tuileries. Le cabinet de l'Impératrice centralisait toutes les nouvelles, toutes les dispositions à prendre.

A toute heure, l'Impératrice était prête. On ne s'explique pas comment elle a pu supporter tant de fatigues, tant d'angoisses et de travail.

C'est à peine si nous apercevions Sa Majesté. La plupart du temps elle prenait ses repas seule et à la hâte dans son cabinet, tout en travaillant. Un mot, un geste, un signe entre deux portes ouvertes, entre deux entretiens d'affaires; un faible sourire avec un regard navré, c'était à peu près tout ce que l'Impératrice accordait à la vie intime. Et puis parfois une de ces paroles douloureuses qui trahissent les angoisses d'une âme déchirée.

Le 17 août, une véritable collision se produisit dans le quartier de la Villette, drame précurseur de tous les bouleversements qui devaient ensanglanter Paris, jusqu'au déchaînement de la Commune.

Ce soulèvement eut lieu à l'instigation de plusieurs membres connus de l'Internationale. Monsieur Blanqui y prit une part active. Il en a lui-même réclamé l'honneur dans son journal *la Patrie en danger*.

« Il y a aujourd'hui un mois, dit-il dans le
« numéro du 17 septembre 1870, une centaine
« d'hommes se réunissaient lentement sur le
« boulevard de la Villette, près du pont du canal.
« C'était un dimanche, par un beau soleil. De
« nombreux promeneurs, répandus sur les contre-
« allées, dissimulaient la formation du rassem-

« blement. Un bateleur, à quelques pas de la
« caserne des pompiers, était le centre des cu-
« rieux attirés par ses tours. Le chef du mouve-
« ment projeté, qui avait précédé sur les lieux les
« citoyens engagés dans cette entreprise, les fit
« avertir de se joindre à l'auditoire réuni autour
« du jongleur. Le groupe put ainsi se concerter
« sans éveiller les soupçons des sergents de
« ville.

« Vers trois heures et demie, Blanqui donna
« le signal et le rassemblement se dirigea, à petit
« pas, sans tumulte, vers la caserne des pom-
« piers. On suivait une contre-allée et il fallait
« descendre sur la chaussée pour arriver au corps
« de garde.

« Ce brusque détour, à angle droit, donna l'a-
« larme à la sentinelle et aux soldats, qui couru-
« rent à leurs fusils. Ce fut un cruel mécompte.

« Le boulevard fut parcouru par les insurgés.
« En vain, ils faisaient appel aux spectateurs
« par les cris de : « Vive la République! Mort aux
« Prussiens! Aux armes! » Pas un mot, pas un
« geste ne répondait à ces excitations.

« C'est le citoyen Pranger qui a donné pour

« cette émeute 18 000 francs, toute sa fortune,
« sans se réserver un centime. »

Les principaux auteurs de l'attaque de la Villette se sont nommés eux-mêmes. C'étaient Blanqui, Eudes, Granger, Pilho et Flotte.

Ce document est contenu dans le rapport fait par la commission d'enquête, sur les actes du gouvernement de la Défense nationale, par Monsieur le comte Daru.

L'article passe sous silence le massacre des pompiers, ces dévoués gardiens de la sécurité publique, et des inoffensifs passants. Une toute jeune fille fut au nombre des victimes. Du reste, les députés de l'opposition s'empressèrent de répudier cette criminelle tentative. Monsieur Gambetta, notamment, dit alors à la Chambre :

— « Le gouvernement ne s'est pas trompé, comme d'habitude, dans l'indication de la main criminelle. Il a rencontré immédiatement les agents de Monsieur de Bismarck. Bien avant lui, d'ailleurs, la population avait reconnu la main de l'étranger et se proposait d'en faire elle-même justice. »

Ce jour-là toutes les casernes étaient vides. Les dernières troupes avaient quitté Paris pour

Châlons. Elles allaient former le 12ᵉ corps sous le commandement du Général Trochu, et le 13ᵉ confié au Général Vinoy, un de ceux, parmi nos généraux, qui donna le plus noble exemple d'honneur militaire et d'abnégation patriotique. Au lendemain de la désastreuse journée de Champigny, lorsque l'heure de la capitulation de Paris eut sonné, le Général Trochu avait abandonné le commandement de l'armée, en se réservant toutefois le poste de Président du gouvernement de la Défense nationale. Il ne voulait pas laisser figurer son nom dans l'acte de reddition de la capitale, où pendant cinq mois il avait exercé le pouvoir civil et militaire.

Abdiquant ses fonctions de chef de l'armée, il les remit au Général Vinoy, qui accomplit avec une mâle dignité la tâche douloureuse qu'on lui imposait.

Après le départ du 12ᵉ et du 13ᵉ corps, la garde de Paris resta aux mains de quelques brigades de sergents de ville et de la garde nationale, à peine en voie d'organisation. Ce n'est que plus tard que les contingents de la marine si admirables pendant toute la campagne arrivèrent à Paris.

Dès le début de l'émeute de la Villette, on vint annoncer à l'Impératrice les troubles qui éclataient, et l'intention manifestée par les émeutiers de se porter sur les Tuileries, gardées par un faible poste. Le Général Mellinet, commandant de la garde nationale, prévenu également, vint trouver l'Impératrice et lui exposa les dangers de la situation. L'Impératrice accueillit cette nouvelle avec beaucoup de tranquillité.

— S'ils veulent venir, nous ne pouvons pas les en empêcher, dit-elle. Fermez les grilles, qu'ils aient au moins la peine de les ouvrir !

Ce qui fut fait. Quelques mesures de police bien prises suffirent à briser le mouvement révolutionnaire et l'assaut des Tuileries n'eut pas lieu ce jour-là.

CHAPITRE VIII

L'Empereur à Metz. — Le Prince Impérial souffrant. — Arrivée au camp de Châlons. — État des troupes au camp. — Conseil de guerre. — Le Général Trochu, gouverneur de Paris. — Le Général Schmitz. — Le Général Favé. — Entrevue du Général Trochu avec l'Impératrice. — Breton, catholique et soldat.

Le temps que l'Empereur passa au quartier général de Metz fut une des périodes les plus douloureuses qu'il ait connues, dans une existence traversée par tant d'événements.

L'œuvre entière de sa vie, la grandeur, la prospérité de la France, son beau rêve réalisé, la gloire de sa dynastie, de ce grand nom des Napoléon dont il avait ranimé le souvenir et l'amour au cœur du peuple français, tout semblait s'écrouler dans un irréparable désastre. D'intolérables souffrances le privaient de l'activité physique qui eût été si nécessaire dans de pareils moments; et pour comble d'affliction, l'Empereur voyait souffrir à ses côtés son fils, si sensible déjà aux malheurs qui accablaient la France et son père.

De telles secousses, véritablement au-dessus des forces d'un enfant de son âge, avaient agi sur la santé du Prince. Il ressentait le contre-coup de chaque nouveau désastre, de chaque déception nouvelle. Il était en proie à une sorte de fièvre continue, dont il cherchait à dissimuler les atteintes, mais dont les effets étaient trop visibles pour que l'Empereur n'en ressentît pas une sérieuse inquiétude. Constamment en éveil, le Prince Impérial guettait l'arrivée de tous les messages. On avait dû renoncer à lui cacher les sinistres nouvelles, car avec sa perspicacité native il comprenait, devinait tout et ressentait une agitation d'autant plus grande qu'on avait cherché à lui dissimuler une partie de la réalité. Il souffrait de violents maux de tête, avait perdu l'appétit, le sommeil, et dépérissait visiblement.

Ce fut en cet état que le Prince Impérial accompagna l'Empereur, lorsqu'il quitta Metz le 16 août.

L'Empereur arriva inopinément à Châlons dans un wagon de troisième classe, pressé au milieu de tout son état-major, sur des bancs de bois, qu'on avait établis à la hâte. C'était le seul moyen de transport qu'on eût eu sous la main.

L'aspect du camp était lamentable. Ce n'était plus une armée, mais une agglomération d'hommes échappés au carnage, harassés, débandés et ne connaissant plus ni chefs ni amis. Tristes épaves des derniers combats, presque tous portaient des uniformes délabrés, cavaliers démontés, fantassins sans armes et sans bagages, artilleurs sans canons, ils erraient à travers le camp, découragés et sans but.

C'est ainsi que l'Empereur revoyait ses soldats, ces belles troupes si noblement aguerries, l'orgueil de notre race, cette armée que l'Europe nous enviait. Un tel abandon, un tel accablement ne devait être que passager. Un peu de repos, d'encouragement, et bientôt, grâce au zèle ardent de leurs chefs, ces mêmes hommes vont recouvrer leur vaillance. Ils iront en braves au combat, opposant leur poitrine à l'ennemi, et seront prêts jusqu'au dernier à en faire le rempart de la patrie, sauvant au moins l'honneur des armes.

L'Empereur fut frappé de cette désorganisation. Il fallait laisser aux troupes le temps de se reconstituer, de se refaire, et cependant l'ennemi avançait toujours. Là encore on avait lieu de craindre, à toute heure, un nouvel engagement, quelque surprise. Le camp de Châlons, une grande plaine ouverte, excellent terrain de manœuvre, aurait été enlevé par quelques régiments prussiens, s'ils étaient tombés au milieu des troupes débandées.

L'Empereur comprit que le point essentiel, dans l'état où les derniers combats nous avaient réduits, était de ne pas accepter de nouveaux engagements et de mettre à profit, si l'on pouvait, pour se reconstituer, la distance qui nous séparait encore de l'ennemi. La pensée de l'Empereur était de se rapprocher de Paris où, à l'abri des forts, on pouvait attirer l'ennemi dans une position dangereuse pour une armée d'invasion, livrer avec des chances de succès une bataille décisive et s'empresser de traiter. Dès lors, il apparut clairement à l'Empereur que continuer la campagne, dans l'état où nous laissaient les défaites, n'était plus qu'une héroïque folie. Épargner à la France une lutte désormais impossible, tel était le seul parti qui s'imposait, lorsque nous étions déjà si atteints.

L'Empereur ne se dissimulait pas qu'en agissant ainsi, il ne devait plus compter sur l'appui de la nation. Sa pensée était de se démettre du pouvoir après avoir traité, et, comme, à bord d'un navire en détresse, on jette à la mer tout le chargement pour sauver l'équipage, de se sacrifier au pays. Les idées de l'Empereur ne devaient pas prévaloir !

C'est à ce moment même, malheureusement, qu'une divergence de vues surgit entre le gouvernement et les chefs de l'armée.

Le nouveau ministre de la guerre, le comte de Palikao, fut d'avis que le Maréchal de Mac-Mahon devait se porter au secours de Bazaine, et que ces deux maréchaux devaient unir leurs forces pour retenir l'ennemi et l'obliger à reculer.

L'idée de ramener à Paris l'armée de Châlons et de laisser le Maréchal Bazaine réduit à ses seules ressources avait produit la plus fâcheuse impression dans Paris. Comment pouvait-on songer à ramener une armée de 200 000 hommes qu'on pouvait employer utilement à arrêter les progrès de l'ennemi ? Et, mettant en avant des considérations politiques :

— Ce sont des prétoriens, disait-on, auxquels on fait déserter la défense du pays et qui reviennent pour servir de cortège à l'Empereur ! A tout prix, il faut se porter au secours de notre glorieux Bazaine.

Dans l'enquête sur le 4 Septembre, on lit dans le rapport de Monsieur de Saint-Marc de Girardin (page 143) :

— « Au Corps législatif, on croyait que le gou« vernement de la Régence voulait ramener l'ar« mée à Paris pour y soutenir la dynastie contre « la révolution. »

C'est ainsi que les uns accusèrent le gouvernement d'abandonner les intérêts de la défense pour protéger la personne de l'Empereur contre l'émeute, tandis que d'autres attribuaient à de coupables sentiments d'ambition personnelle l'opposition que l'Impératrice mettait au retour de l'Empereur à Paris.

De quel côté était le salut parmi tant d'intérêts

opposés? Au milieu d'une suite d'espérances, d'incertitudes, de malentendus, on se trouva bientôt réduit aux plus terribles extrémités et des catastrophes inouïes s'accomplirent dans l'espace de quelques journées.

Le lendemain de son arrivée à Châlons, le 17 août au matin, l'Empereur réunissait dans un conseil de guerre tous les chefs de l'armée.

Il est intéressant de conserver sa physionomie exacte à ce conseil, où furent débattus de si graves intérêts. Voici dans quels termes le Maréchal de Mac-Mahon, Duc de Magenta, en rendait compte lui-même dans un procès intenté par le Général Trochu au *Figaro* ; le Maréchal de Mac-Mahon, interrogé comme témoin, s'exprime ainsi :

« J'étais arrivé à Châlons le 17 août, d'assez bonne heure ; sur les huit heures, l'Empereur me fit demander ; l'Empereur était établi devant son quartier général ; il y avait à côté de lui, causant avec lui, le Prince Napoléon, le Général Trochu, le Général Schmitz. Il y avait déjà quelque temps que l'Empereur causait avec ces messieurs. Quand j'arrivai, le Prince Napoléon exprimait à l'Empereur qu'il craignait une révolution à Paris, ou un mouvement très prononcé, et il disait que le Général Trochu, par ses antécédents, par sa manière d'être, était le seul homme qui fût en état d'arrêter un mouvement révolutionnaire.

« Cette appréciation, ces observations du Prince Napoléon parurent étonner l'Empereur dans le premier moment, et je crois me rappeler qu'il ne répondit pas immédiatement; pour un motif quelconque, il me fit signe d'aller lui parler. L'Empereur rentra dans le pavillon, je crois, et là il me demanda ce que je pensais du Général Trochu. Je lui dis que je connaissais le Général Trochu depuis longtemps, que c'était un homme de cœur, un homme d'honneur, et que l'Empereur pouvait avoir confiance en lui. J'ajoutai que c'était là ma conviction intime.

« Le Général Trochu avait été amené auprès de l'Empereur par le Prince Napoléon. Le Prince fit un tableau saisissant de la situation de l'armée. Il insista sur la position douloureuse de l'Empereur, qui ne participait plus ni aux affaires militaires, depuis qu'il avait abandonné le commandement en chef pour le céder au Maréchal Bazaine, ni aux affaires de l'État.

« Le général Schmitz, chef d'état-major et ami du Général Trochu, appuya les paroles du Prince Napoléon. Il exposa le mauvais état des troupes rassemblées à Châlons, l'ignorance où l'on était du sort de l'armée de Metz.

« — Le salut, selon moi, est dans Paris que je viens de traverser, dit-il. On prétend que vous n'avez pas employé le Général Trochu parce qu'on lui attribuait des sentiments d'opposition. Eh bien ! Sire, il faut rentrer à Paris, dont le Général Trochu serait nommé le gouverneur. La situation que vous vous faites ne peut pas durer.

« — Oui, dit l'Empereur, j'ai l'air d'avoir abdiqué.

« Le Prince Napoléon pressa l'Empereur avec la plus grande énergie d'acquiescer à cette combinaison.

« Si nous devons tomber, au moins tombons comme des hommes. Voilà le Général Trochu, dont vous connaissez les vues de concentration et de reconstitution des forces militaires sous Paris, défendu à outrance et servant de point d'appui à de nouvelles opérations. Il était, de notoriété, opposé à cette guerre et aux précédentes. Cela l'a compromis. A présent, il a une autorité et une popularité particulières. Qu'il les mette à votre disposition comme un brave homme qu'il est, et que vous avez mal jugé. Nommez-le gouverneur de Paris, chargé de la défense de la place. Qu'il vous y précède de quelques heures et vous annonce à la population par une proclamation qu'il saura faire. Vous verrez que tout ira bien. » (*Pour la vérité et la justice*, par le Général Trochu, pages 95 et 96.)

L'Empereur écouta attentivement tout ce plan préparé à l'avance pour lui être soumis, et après en avoir conféré encore quelques moments avec les conseillers présents, il remit au Général Trochu un décret qui l'investissait des fonctions de gouverneur de Paris. Ce décret devait être contresigné par le ministre de la guerre.

Il fut convenu que le Général Trochu, devançant l'Empereur, annoncerait son retour à la population parisienne. C'est alors que le Général Trochu insista pour faire revenir les mobiles de la Seine qui étaient à Châlons. L'Empereur, après quelque hésitation, souscrivit à cette mesure.

Le jour même, le Général Trochu quittait le camp de Châlons par un train spécial. Il était accompagné, entre autres, du Général Schmitz, son chef d'état-major, et du Général Favé, aide de camp de l'Empereur, général du génie, qui devait l'assister dans les opérations du siège.

Pendant le trajet de Châlons à Paris, le Général Favé et le Général Schmitz se trouvaient dans le compartiment occupé par le Général Trochu. Le Général Schmitz était un ancien officier d'ordonnance de l'Empereur. On le recevait souvent à la cour, où il était resté l'objet de la bienveillance des souverains. Pendant l'expédition de Chine, il écrivait fréquemment à l'Impératrice, qui par lui était tenue au courant des faits principaux de la campagne.

Le découragement causé dans le pays par nos revers, la rapidité des désastres, inspiraient les plus vives alarmes à des chefs militaires éprouvés, à des hommes qui suivaient attentivement les évolutions de la politique.

Tandis que le Général Trochu rédigeait sur ses genoux sa fameuse proclamation aux Parisiens, le Général Schmitz exprimait au Général Favé ses inquiétudes pour l'avenir. Il ne lui cacha pas qu'il considérait, dès lors, l'Empire comme perdu.

— Voilà le futur président de la République, lui dit-il, en désignant le Général Trochu.

Le Général Favé n'attacha pas alors d'importance à ce propos.

C'est au Général Favé que le Général Trochu fit une réponse au moins singulière pour un chef d'armée, dont la mission n'est pas uniquement de faire tuer des hommes.

Au lendemain du 4 septembre, au moment où le rêve enivrant du pouvoir suprême venait de se réaliser d'une façon si imprévue pour le Général Trochu, le Général Favé, profondément attaché à la famille impériale, mais patriote avant tout et qui était resté à son poste, visitait les fortifications avec le gouverneur de Paris. Dans l'incertitude du succès, il exprimait ses craintes pour l'avenir :

— Songez, mon Général, combien d'existences vont être sacrifiées autour d'une ville comme Paris, qui peut être anéantie par les moyens de destruction formidables de nos ennemis.

Le Général Trochu, président du Conseil général du Morbihan, avait le goût de l'agriculture, dont il s'occupait à ses moments de loisir.

— Cela fera de l'humus pour les générations futures, répliqua-t-il stoïquement.

Et l'on hâta l'armement.

Le côté politique du rôle que le Général Trochu venait d'être appelé à remplir, semble avoir eu, dès l'origine de son mandat, une grande action sur son esprit. Il allait au-devant de cette population parisienne si nerveuse, si mobile, excitée par des revers inouïs, et dans laquelle se réveillait l'esprit révolutionnaire, assoupi pendant dix-huit ans.

Contenir les Parisiens était pour lui un problème plus redoutable peut-être que de défendre Paris! On trouve la trace de ce souci dans ses proclamations, qui devaient bientôt se multiplier si nombreuses, si prolixes que, pendant le siège, les murailles de Paris en étaient recouvertes comme d'un vêtement. Appel aux armes, appel à la concorde, appel à toutes les bonnes volontés, à tous les courages : peut-être le Général Trochu eût-il été plus heureusement inspiré, si, n'en ayant appelé qu'à lui-même, il eût appliqué à la défense toutes ses facultés, toutes les ressources qui lui restaient et surtout le concours si admirable qu'il trouva dans le courage, dans l'abnégation dont a fait preuve l'immense majorité des habitants de Paris.

Devant l'émeute comme devant l'ennemi, s'il n'avait songé qu'à sa mission de soldat, peut-être eût-il eu le bonheur et la gloire d'épargner à son pays d'incalculables maux.

En arrivant à Paris, le Général Trochu se rendit auprès du ministre de l'intérieur. Il exhiba les pouvoirs que l'Empereur lui avait remis et malgré l'heure avancée (il était une heure et demie du matin), il pria Monsieur Henri Chevreau de le conduire immédiatement auprès de l'Impératrice. Ils se rendirent ensemble aux Tuileries. L'Impératrice les reçut aussitôt.

Le Général Trochu exposa la situation militaire, qui lui paraissait très critique. Il ajouta que la présence de l'Empereur à l'armée créait à tout le monde une situation difficile.

Bien que l'Empereur, après s'être démis du commandement, eût déclaré qu'il entendait partager en soldat le sort de ses soldats, le seul fait de sa présence pouvait gêner l'initiative du commandant en chef.

L'Impératrice fit alors connaître au Général Trochu les raisons qui s'opposaient au retour de l'Empereur. Elle lui expliqua comment, peu de jours auparavant, la même proposition avait amené un dissentiment entre elle et Monsieur Émile Ollivier.

Pendant l'entretien, qui se prolongea fort avant dans la nuit, la Régente exposa le côté politique de la question, auquel le Général était étranger. Sous ce nouveau point de vue, les conditions dans lesquelles il avait accepté le commandement se trouvaient modifiées. Se rendant aux raisons qui guidaient l'Impératrice, il jugea, lui aussi, qu'il fallait ajourner le retour de l'Empereur.

Plus tard, le Général s'est appuyé sur ce changement de vue pour expliquer sa défection. Les conditions du concours qu'il avait promis à l'Empereur au camp de Châlons n'avaient pas reçu leur exécution, disait-il. Il avait accepté le poste de gouverneur de Paris, pensant que l'Empereur et l'armée du Maréchal de Mac-Mahon l'auraient rejoint.

Si une combinaison différente lui semblait dangereuse pour le succès de la défense, pourquoi y avoir acquiescé? L'Impératrice lui avait déclaré très nettement qu'elle s'opposerait absolument au retour de l'Empereur, et qu'en cela, elle était d'accord avec le conseil des ministres et le conseil de régence tout entier. Pourquoi le Général Trochu n'a-t-il pas alors déclaré que, dans ces conditions nouvelles, il ne pouvait plus accepter la responsabilité du gouvernement de Paris?

Sa nomination n'était pas encore connue, le Général étant arrivé au milieu de la nuit. A l'exception de quelques membres du gouvernement, tout le monde à Paris ignorait son retour. Un refus n'aurait eu aucun éclat. Le Général pouvait retourner à Châlons, rendre compte à l'Empereur de la divergence de vues qui existait entre le gouvernement et lui ; et reprenant le commandement du 12º corps, il en aurait été quitte pour un voyage de quelques heures.

Loin de songer à se retirer, le Général Trochu insiste pour que le décret par lequel l'Empereur le nommait gouverneur de Paris, soit immédiatement contresigné par le ministre de la guerre, afin d'avoir force de loi. Le conseil des ministres devait se réunir dans la matinée; on propose au Général d'attendre jusqu'au lendemain matin. Il répond qu'il ne peut accepter aucun retard et, sur ses instances, l'Impératrice prie Monsieur Henri Chevreau d'aller lui-même, au milieu de la nuit, porter la lettre de l'Empereur à la signature du Général Palikao.

Le Général Trochu attendit aux Tuileries, en continuant l'entretien avec l'Impératrice, qui certes devait être bien fatiguée, le retour du ministre de l'intérieur, qui rapporta le décret régularisé.

Tous les incidents de cette entrevue ont été longuement rapportés dans le procès intenté par le Général Trochu à Monsieur de Villemessant, à la suite d'articles publiés dans le *Figaro*, qui parurent outrageants au Général. Voici quelle était la conclusion de ces articles sur la conduite du Général pendant la durée de ses fonctions de Gouverneur de Paris :

(*Figaro* du 27 janvier 1872.) « L'arrêt, je ne le
« porterai pas moi-même. Il a été formulé en

« deux mots sanglants que je me bornerai à
« transcrire. La première sentence appartient à
« Monsieur le Général Changarnier : « C'est Tar-
« tuffe coiffé du casque de Mangin. » La seconde,
« moins pittoresque, n'en est pas moins san-
« glante. C'est le mot de Monsieur le Maréchal
« de Mac-Mahon devant la commission d'enquête :
« Je le croyais un honnête homme. » Mixos.

La déposition du Général Changarnier, interrogé au cours du procès sur le propos qu'il avait tenu, est un chef-d'œuvre d'esprit, de prudence et de franchise militaire.

L'Amiral Jurien de la Gravière, interrogé à son tour par Monsieur Allou, le défenseur du Général Trochu, au sujet de l'entrevue qui eut lieu dans la nuit du 17 au 18 août entre l'Impératrice et le Général, et des circonstances de cette entrevue, répondait ainsi :

— « A cet égard, mes souvenirs sont très présents. J'étais couché, lorsqu'à trois heures du matin, Monsieur le lieutenant de vaisseau Conneau, officier d'ordonnance de Sa Majesté l'Empereur, vint me réveiller. Il était fort ému ; il m'apprit que le Général Trochu ramenait l'Empereur à Paris. Cette nouvelle me causa à moi-même une grande émotion. Il n'était point dans notre pensée que l'Empereur pût s'éloigner de l'armée; nous ne croyions pas qu'il pût revenir sans péril à Paris, non seulement pour ses jours, mais pour sa gloire.

« L'Impératrice me faisait demander.

« La scène qui eut lieu fut pleine d'émotion. Le Général Trochu, avec beaucoup de dignité, je dois le dire, maintint le droit qu'il avait de donner le conseil de rentrer à Paris, parce que, suivant lui, le camp de Châlons n'était qu'un camp de plaisance, où l'Empereur était exposé à être enlevé par une division de cavalerie ennemie.

« C'est alors que l'Impératrice dit au Général Trochu :

« — Il y a une dépêche que vous ne connaissez pas, c'est celle que nous venons de recevoir du Maréchal Bazaine : le Maréchal est victorieux à Rezonville; nous avons la nouvelle de la grande bataille du 16 août.

« Devant cette considération, le Général Trochu comprit que l'Empereur n'avait plus besoin de revenir à Paris; c'est alors qu'il céda et j'en fus transporté de joie. »

Dès le début de ses fonctions, certains dissentiments s'étaient élevés entre le gouverneur de Paris et le ministre de la guerre. Le Général Palikao, homme d'action énergique, à la décision prompte, s'impatientait des compétitions de forme, que la susceptibilité du Général Trochu élevait dans toutes les questions où leur action commune devait se concerter.

Cependant le Général Trochu fut appelé à prendre part aux délibérations du conseil des ministres, chaque fois qu'on eut à traiter une question militaire ou toute autre affaire touchant au ressort de son gouvernement, ce qui arrivait presque journellement dans une ville en état de siège.

Si on redoutait un peu sa présence, c'était à cause de la perte de temps que les longues périodes oratoires entraînaient, dans un moment où tout commandait la promptitude et l'action. Quand le Général Trochu prenait la parole, même pour des choses sans importance, il entrait dans des développements sans fin, dans des digressions étrangères au sujet. C'était pour tous une cause d'énervement. Désireuse de le ménager, l'Impératrice l'écoutait avec la plus grande patience, mais elle avait peine à obtenir la même résignation des autres membres du conseil, particulièrement du ministre de la guerre.

Le Général Trochu, dont l'éloquence était si naturelle qu'il ne songeait pas à la mesurer, ne sentait pas qu'il fatiguait ses auditeurs. Il attribuait alors à de la malveillance l'agacement qui se trahissait chez quelques-uns.

Parfois l'Impératrice le retenait un moment, lui parlant de ses inquiétudes, cherchant à effacer les impressions désagréables qu'il laissait deviner et auxquelles se mêlaient les protestations du dévoûment le plus exalté.

C'est dans une de ces entrevues que le Général dit d'un ton dégagé à la Régente :

— Madame, si votre police est bien faite, on a dû vous dire que le gouverneur de Paris conspire.

Alors il expliqua à l'Impératrice qu'il avait jugé de bonne politique de se mettre en rapport avec les adversaires du gouvernement, dans un but de conciliation et d'entente. C'était tout à fait dans les derniers jours.

L'Impératrice lui répondit qu'elle ne mettait pas en doute la parole d'un soldat; qu'en acceptant les fonctions dont l'Empereur l'avait investi il s'était engagé à soutenir le gouvernement et qu'elle comptait sur lui. C'est alors que le Général, mettant un genou en terre, lui dit cette phrase célèbre :

— Madame, je suis Breton, catholique et soldat, et je vous servirai jusqu'à la mort.

L'Impératrice, un peu gênée de cette effusion théâtrale, le releva.

Le Général saisit la main de Sa Majesté et la baisa avec émotion, puis il se retira.

L'Impératrice sortit un moment de son cabinet et vint vers nous. Elle avait cette expression de lassitude affreuse qui la saisissait, dès qu'elle donnait un moment de trêve aux affaires. Elle s'assit et nous dit que le conseil venait de finir; que Trochu avait été plus prolixe que jamais. Puis elle nous raconta la scène qui venait d'avoir lieu.

— Un honnête homme n'a pas besoin de tant

de phrases pour dire qu'il est prêt à faire son devoir, ajouta-t-elle.

En causant, Sa Majesté frottait le revers de sa main avec une sorte de répugnance, comme si elle eût voulu effacer la trace du baiser. Déjà la trahison flottait autour d'elle.

CHAPITRE IX

Dernières journées de combat. — Bazeilles et Sedan. — Lettre du Général Pajol. — L'Empereur prisonnier. — Entrevue avec Monsieur de Bismarck. — Entrevue avec le Roi de Prusse. — Départ de l'Empereur. — Wilhelmshœhe. — L'Empereur et la Reine Hortense. — Une parole de l'Empereur à Chiselhurst.

Pendant qu'on activait les préparatifs du siège, qu'on armait les fortifications, le Corps législatif continuait à discuter toutes les mesures prises par le gouvernement, tous les mouvements de l'armée.

Monsieur Thiers, très actif, très remuant, était nommé membre du Comité de défense. On abattait les maisons de la zone militaire. L'eau entrait dans les fossés des fortifications. Partout une fièvre de patriotisme, des bruits d'armes; soldats qui arrivent, soldats qui partent, blessés qu'on transporte, armement formidable, voilà Paris.

Sur les injonctions pressantes des députés de la gauche, on hâtait l'organisation de la garde nationale, placée sous le commandement du Général Mellinet. Dans les départements, on convoquait, pour s'enrôler dans l'armée active et jouir des bénéfices attachés à cette qualité, tous les hommes valides avec les armes dont ils pourraient disposer.

Le Général de Wimpffen, arrivant d'Algérie vers la fin d'août, adressait une proclamation aux habitants du département de l'Aisne, son pays, pour les exhorter à la résistance.

« Que chaque haie, que chaque fossé, disait-il, que chaque maison vous serve de rempart. »

Faible ressource à opposer aux armées, qui se répandaient sur le territoire, en appliquant méthodiquement des moyens de destruction formidables.

Une grande incertitude régnait au sujet des nouvelles de l'armée.

L'unique préoccupation des stratégistes improvisés, l'objectif dont tout le monde parlait, c'était la jonction de Mac-Mahon avec « notre glorieux Bazaine »; car dès lors et jusqu'à la chute de Metz, on ne sépara plus cette épithète du nom du Maréchal.

On sait que la frontière est en feu; on apprend que Strasbourg est mutilé. Strasbourg, la patrie de Kléber! La bibliothèque est perdue. Une église est abattue; la cathédrale, une des merveilles du monde, est endommagée. Un cri de douleur s'élève; tous les cœurs saignent à la pensée des souffrances de la grande avant-garde française.

Cependant l'emprunt de guerre voté par les Chambres est plusieurs fois couvert; le 23 août les guichets du ministère des finances, qui depuis la veille étaient assiégés par la foule, ouvraient à 9 heures du matin pour fermer à 5 heures, on avait souscrit 170 millions!

Le rôle du Maréchal de Mac-Mahon est expliqué dans tous les ouvrages militaires. On sait qu'après avoir quitté Châlons pour ramener son armée sur Reims, le Maréchal voulut de nouveau se porter en avant vers l'Est, afin de se joindre à l'armée de Metz, entraînant ses troupes vers les défilés de l'Argonne, malgré l'avis de l'Empereur, qui ne cessa, de l'aveu même du Maréchal, d'insister pour la retraite en arrière sur Paris.

De marches en contre-marches, de combats en combats, de défaites en défaites, l'armée de Mac-Mahon était en pleine déroute. Le 30 août, nous n'avions plus devant nous qu'une bande étroite de territoire dépourvue de toute défense, où, malgré des prodiges de valeur, nous allions être écrasés.

Le 31, à onze heures du soir, l'Empereur, suivi de son état-major, entrait dans Sedan au milieu de l'horrible confusion qui précipitait nos troupes vers cette petite place, si voisine de la Belgique, que, pendant cette nuit fatale, des milliers d'hommes franchirent inconsciemment la frontière. Sedan, place forte d'un autre âge, dépourvue de tout armement, de tout approvisionnement, exposée de toutes parts aux coups de l'ennemi, était un refuge dérisoire pour tant d'hommes épuisés par les combats des jours précédents.

Entouré de ses officiers, l'Empereur, torturé par les plus cruelles angoisses, brisé de fatigue et de souffrance, avait dû mettre pied à terre pour se frayer un passage à travers les rues étroites, encombrées de troupes, de canons, d'équipages de toute sorte enchevêtrés les uns dans les autres, et où des cavaliers n'auraient pu se diriger.

Le Prince Impérial avait passé en Belgique. Il était chez le Prince de Chimay, et là, entouré de soins, il avait retrouvé un peu du calme, du repos si nécessaires après tant de secousses.

Durant la nuit qui précéda la dernière des luttes sanglantes et désespérées soutenues avec tant d'héroïsme et de malheur, l'Empereur ne prit aucun repos. Il pouvait mesurer l'étendue du désastre. La mort sur le champ de bataille, au milieu de ses troupes, lui sourit alors comme un espoir suprême. Les sanglantes funérailles du soldat enseveli dans son drapeau furent la vision consolante de cette anxieuse veille.

Dès les premières heures de la matinée, l'Empereur arrivait sur le champ de bataille de Bazeilles, où avait lieu un engagement terrible soutenu par les troupes d'infanterie de marine, commandées par le Général de Vassoigne qui se défendit si vaillamment contre un corps bavarois.

L'Empereur rencontra le Maréchal de Mac-

Mahon qu'on emportait grièvement blessé et avec lequel il échangea quelques mots. Le Maréchal s'était exposé avec une témérité héroïque. Un de ses aides de camp lui faisant observer qu'il s'avançait vers les lignes ennemies au delà de toute prudence, le Maréchal lui répondit :

— C'est toujours comme cela les jours de bataille. Et il continua, maintenant son cheval au petit galop au milieu du feu, jusqu'à ce qu'un éclat d'obus l'atteignit et le renversa.

L'Empereur apprit alors que le commandement venait d'être délégué au Général Ducrot. Il était environ sept heures du matin.

L'Empereur poursuivit sa route afin de suivre de plus près la marche du combat, et bientôt il devint, avec le groupe d'officiers qui l'entouraient, le point de mire des artilleurs prussiens. Afin de ne pas exposer inutilement son escorte, l'Empereur lui donna l'ordre de s'écarter. Il continua sa marche en avant, n'ayant plus auprès de lui que le Général Pajol, le comte Davilliers et le capitaine d'Hendecourt, qui fut tué à ses côtés.

Le Général Ducrot, en recevant le commandement de l'armée, avait immédiatement pris ses dispositions pour battre en retraite sur Mézières. Le mouvement de retraite s'accentuait. Tous les ordres étaient donnés, lorsque le Général de Wimpffen, arrivé d'Algérie depuis deux jours seulement, qui n'était au courant ni de l'état de l'armée, ni d'aucune opération, exigea du Général Ducrot la remise du commandement. Il était le plus ancien commandant de corps d'armée. En passant par Paris, il avait eu soin de se prévaloir de cette qualité auprès du ministre de la guerre, qui lui avait remis une lettre de service, le désignant pour remplacer le Maréchal de Mac-Mahon, au cas où celui-ci aurait été empêché de continuer les opérations, ce qui venait d'avoir lieu par suite de sa blessure.

En prenant le commandement à huit heures et demie, le Général de Wimpffen déclara qu'il entendait reprendre l'offensive, ce qu'il fit en arrêtant le mouvement de retraite déjà commencé, malgré les instances du Général Ducrot, qui le conjurait de ne pas tenter une telle entreprise, malgré l'Empereur, qui partageait les vues du Général Ducrot et qui tenta vainement aussi de le dissuader.

— Que votre Majesté ne s'inquiète pas, dit le général de Wimpffen, dans deux heures je les aurai jetés dans la Meuse (*Sedan*, par le Général Ducrot, page 32).

Cependant, malgré des efforts héroïques, les innombrables troupes allemandes nous débordent de toute part, enveloppant les hauteurs d'un infranchissable cercle de canons.

Vers dix heures, l'Empereur met pied à terre et, silencieux, impassible sous une pluie de fer, il s'avance lentement; deux officiers de sa maison militaire, le Général de Courson et le Capitaine de Trécesson, tombent à ses côtés. Les obus éclatent sous ses pas, le couvrent de terre et de fumée.

La mort qu'il attend ne vient pas le délivrer.

Vers onze heures et demie, la déroute s'accentue. Dès lors la bataille était perdue, plus de trente mille hommes débandés se précipitent et s'entassent dans les rues de Sedan.

Une lettre du Général Pajol, publiée au *Moniteur* du 22 juillet 1871, est le document le plus exact sur cette journée, pendant laquelle le Général fut constamment aux côtés de l'Empereur.

« Dès 11 heures du matin, dit le Général Pajol, l'Empereur s'était rendu compte de la situation ; pendant cinq heures, il s'était trouvé au plus fort de l'action sous le feu croisé de la mitraille ; les projectiles éclataient autour de sa personne et de son état-major. Le Général de Courson et le Capitaine de Trécesson avaient été gravement blessés près de lui. En se retirant, les troupes d'infanterie l'obligèrent à rétrograder, et il se trouva, pour ainsi dire, acculé aux murs de la place. Lorsqu'à onze heures et demie il les franchit, il y avait déjà plus de 30 000 hommes entassés dans les rues, pêle-mêle, sans ordre. Les obus tombaient au milieu d'eux comme sur le champ de bataille et y faisaient les mêmes ravages. Sur le pont un obus éclata à deux pas de l'Empereur et tua deux chevaux à côté de lui ; il est extraordinaire qu'il n'ait pas été tué là.

« L'Empereur se rendit d'abord chez le maréchal, puis voulut remonter à cheval, mais l'encombrement était tel qu'il dut y renoncer et attendre à la sous-préfecture la fin du drame qui se déroulait. Bientôt les chefs de corps arrivèrent, déclarèrent que leurs troupes étaient refoulées en désordre dans les rues de la ville et que toute résistance était devenue impossible. On tomba d'accord qu'il fallait arrêter l'effusion du sang et arborer le drapeau parlementaire. Le Général Pellé, qui le lendemain vota contre la capitulation, vint aussi et adressa à l'Empereur ces paroles que je ne puis oublier : « Sire, je ne « suis qu'un soldat, je voudrais sauver Votre « Majesté, mais elle ne peut en ce moment « sortir des remparts, toute tentative serait inu- « tile. » L'Empereur répondit qu'il n'entendait pas, pour sauver sa personne, sacrifier la vie d'un seul soldat et qu'il était décidé à partager le sort de l'armée.

« Après avoir scrupuleusement interrogé les officiers généraux sur l'état des choses, l'Empereur chargea le Général Lebrun d'aller trouver le Général de Wimpffen et de lui conseiller, puisque la lutte était désormais inutile, de demander un armistice. »

C'est à ce moment que, tout espoir de continuer la lutte devant être abandonné, le Général de Wimpffen, rencontrant le Général Lebrun qui le cherchait, lui proposa de faire une trouée et de chercher à s'ouvrir un passage à travers les masses allemandes. Les deux généraux, mettant l'épée à la main et rassemblant autour d'eux quelques débris de troupes encore emportées par l'ardeur du combat, s'avancèrent résolument vers l'un des côtés du champ de bataille. Ils avaient environ deux mille hommes autour d'eux. Après avoir parcouru quelque distance, le général en chef se retourna. Ils n'étaient plus suivis. Les deux généraux alors durent se résigner à rétrograder, et le général Lebrun, dont le corps d'armée avait héroïquement soutenu l'effort de la journée, cherchant à mettre un peu d'ordre dans la déroute, rentra le dernier dans Sedan, après être resté treize heures sur le champ de bataille.

« Au bout d'une heure, continue le Général Pajol, d'une grande heure, pendant laquelle le nombre des victimes augmentait dans une proportion effrayante, sous un feu multiple auquel l'artillerie française ne répondait même plus, aucune réponse n'étant parvenue, l'Empereur prit sur lui de faire arborer le drapeau blanc au haut de la citadelle. Aussitôt le Roi de Prusse envoya un de ses aides de camp demander la reddition de la place. L'Empereur, persuadé qu'en livrant sa personne il obtiendrait de meilleures conditions pour l'armée et pour la France, envoya à son tour un aide de camp au Roi Guillaume pour lui dire qu'il remettait son épée entre ses mains.

« Le lendemain, sous la présidence du Général de Wimpffen, un conseil de guerre composé de trente officiers généraux reconnut que la capitulation était inévitable. Deux généraux seulement votèrent contre la capitulation ; il ne m'appartient pas d'examiner quel mobile les porta à cette abstention.

« Ce que je veux constater, parce que cela est la vérité, c'est que l'Empereur est resté absolument étranger aux dispositions stratégiques qui ont conduit l'armée de Châlons à Mouzon, et de Mouzon à Sedan. Rendre Napoléon III militairement responsable de la capitulation de Sedan est une injustice, puisque le Maréchal a été libre de ses mouvements. La personne de l'Empereur a été fatalement attachée au naufrage de notre armée ; il ne pouvait qu'essayer de sauver l'équipage du bâtiment dont il n'était plus le capitaine : c'est ce qu'il a fait en donnant l'ordre à trois heures d'arborer le drapeau blanc. Une demi-heure plus tard, on l'eût arboré sur l'ordre d'un général quelconque, mais plusieurs milliers de soldats de plus auraient péri.

« La politique, et cela est dans la logique des événements, a voulu rejeter toute la responsabilité de Sedan sur l'Empereur, à qui elle aurait certainement contesté le bénéfice d'une victoire, mais le Maréchal de Mac-Mahon, dont la noble simplicité et le caractère loyal sont connus de tous, écrivait en octobre dernier à l'Empereur une lettre datée de Pouru-aux-Bois, dans laquelle il disait :

« L'Empereur peut être persuadé que je n'au-
« rai jamais la pensée de dénaturer, dans un but
« de défense personnelle, l'exactitude des événe-
« ments dont j'ai été le témoin dans la dernière
« campagne. »

« Ces paroles font honneur au Duc de Magenta et laissent à chacun la responsabilité de ses actes.

« Voilà donc la narration exacte de cette bien triste journée. J'ai été sobre de détails ; ne voulant que dire la vérité, je n'ai dit que ce que j'ai vu. Vous me connaissez assez pour savoir que je ne transige pas avec l'honneur, et que ce que je vous écris ici, je puis le signer.

Votre ami,

Général V. PAJOL.

16 juillet 1871.

C'est le Colonel Bronsart qui vint en parlementaire à Sedan pour sommer la citadelle de se rendre. Il est conduit à la sous-préfecture. L'Empereur lui fait connaître qu'il doit s'adresser au Général en chef pour traiter de la capitulation, et il lui apprend qu'il vient d'écrire au Roi de Prusse une lettre dans laquelle il se constitue prisonnier.

Après avoir rempli sa mission auprès du Général de Wimpffen, le Colonel Bronsart accompagne le Général Reille, l'envoyé de l'Empereur, jusqu'à l'endroit où se tenait le Roi de Prusse, qui ignorait encore la présence de l'Empereur à Sedan.

Très ému, le Roi répondit qu'il acceptait l'épée

de Napoléon et il désigna le Maréchal de Moltke pour traiter de la capitulation.

Le Général de Wimpffen et les chargés de pouvoir se rendirent à Donchery, pour en discuter les conditions.

Au retour, vers deux heures du matin, le Général de Wimpffen vint s'entretenir avec l'Empereur, qui avait demandé que l'armée ne fût pas emmenée prisonnière, mais qu'elle pût passer en Belgique. Jusqu'à ce qu'on ait pu traiter, cette clause avait été absolument repoussée.

L'Empereur se résolut alors à aller lui-même conférer avec le Roi de Prusse, dans l'espoir qu'il pourrait obtenir directement des concessions plus douces.

A six heures du matin, l'Empereur, quittant Sedan, se dirigeait vers Donchery, où il pensait rencontrer le Roi dont le quartier général avait été porté dans la soirée à quelques kilomètres au delà, à Vendresse.

Monsieur de Bismarck était resté à Donchery. Informé par le Général Reille de l'arrivée de l'Empereur, il se porta au-devant de lui et rencontra à mi-chemin la voiture où l'Empereur se trouvait avec trois officiers, escorté à cheval, aux portières, par les généreux Castelnau et de la Moskowa.

Monsieur de Bismarck mit pied à terre, et l'Empereur lui demanda aussitôt où il pourrait rencontrer le Roi Guillaume pour conférer avec lui des affaires de l'armée. M. de Bismarck dit qu'il n'était pas au fait des intentions du Roi au sujet de cette conférence, et il offrit à l'Empereur de s'arrêter dans la maison où lui-même avait passé la nuit. C'était la maison d'un ouvrier tisserand, pauvrement meublée d'une table et de deux chaises.

Tandis que l'Empereur faisait connaître au Chancelier son désir d'obtenir du Roi des conditions honorables pour l'armée, Monsieur de Bismarck cherchait à lire dans sa pensée sur quelles bases on pourrait s'entendre pour traiter de la paix. L'Empereur déclara qu'étant prisonnier de guerre, c'était au gouvernement de la Régence qu'il appartenait de prendre un parti.

Le Maréchal de Moltke, qui sans doute avait été prévenu de la présence de l'Empereur à Donchéry, survint pendant l'entretien. L'Empereur lui exposa sa demande pour obtenir que l'armée fût autorisée à déposer les armes en Belgique.

De nouveau, le Maréchal repoussa péremptoirement cette proposition et se retira pour prévenir le Roi Guillaume de la visite de l'Empereur. Sa Majesté sortit alors de la maisonnette, s'assit sur un banc au dehors et continua de causer avec Monsieur de Bismarck.

Peu après, on vint prévenir l'Empereur que le Roi le recevrait au château de Bellevue. Il remonta en voiture et trouva en arrivant dans le parc du château le Roi qui s'avançait au-devant de lui, accompagné du Prince royal et de quelques autres princes allemands que l'Empereur avait reçus aux Tuileries.

L'Empereur mit pied à terre, salua le Roi, et les deux souverains entrèrent dans le château, où ils s'entretinrent seuls, sans témoins.

« Je ne puis décrire l'effet qui se produisit en moi à la vue de l'Empereur qu'il y a trois ans seulement j'avais vu au faite de la puissance, » écrivait le Roi de Prusse à la Reine Augusta à la suite de cette entrevue.

Après un quart d'heure d'entretien l'Empereur se retira.

Napoléon III ne retourna pas à Sedan. Le Roi de Prusse lui avait offert comme résidence le château de Wilhelmshœhe aux environs de Cassel. L'Empereur s'inclina et il partit immédiatement par la Belgique, pour un exil qui ne devait pas finir.

Avant de quitter Sedan, l'Empereur avait ordonné à Monsieur Thélin, son trésorier, de faire donner de l'argent aux soldats qui allaient être envoyés en Allemagne, afin d'adoucir un peu leur misère. Il restait un million dans la cassette impériale. Cette somme fut entièrement distribuée aux troupes. C'est ainsi que Monsieur Thélin se trouvait à Paris le 4 septembre. Il était revenu pour chercher quelques fonds, l'Empereur n'ayant rien voulu se réserver, et se trouvant tout à fait dépourvu.

En traversant la frontière, l'Empereur eut la douleur de rencontrer un premier convoi de prisonniers qui s'acheminaient vers la captivité. Ces pauvres gens saluèrent une fois encore l'Empereur de leurs acclamations.

La suite du voyage, l'arrivée en Allemagne

furent tout ce que l'on peut imaginer de plus cruel! Ceux qui accompagnaient l'Empereur ont conservé une impression déchirante de ces moments d'agonie.

En arrivant à Wilhelmshœhe, Napoléon III devait retrouver quelques vagues souvenirs de sa première enfance. C'était, en effet, une résidence de plaisance ayant appartenu au Roi Jérôme où, tout enfant, il était venu, avec la Reine Hortense, pour visiter son oncle et la princesse Catherine de Wurtemberg, sa tante.

Ce petit palais, contemporain de la grande époque de Versailles, ressemble à la plupart des châteaux d'outre-Rhin, construits par les princes Allemands, qui cherchaient à s'inspirer du goût du grand Roi. Wilhelmshœhe était devenu la propriété du Grand-Duc de Hesse et depuis longtemps on n'y avait fait aucun changement.

Ceux dont l'inquiète sollicitude veillait sur l'Empereur, l'entendirent, durant la nuit qui suivit son arrivée, se promener lentement dans sa chambre. Le lendemain, lorsque l'auguste prisonnier parut, il était brisé, abattu, vieilli de vingt ans.

En se dirigeant à travers les appartements, entouré de ceux qui avaient sollicité, comme une faveur, l'honneur d'accompagner leur souverain malheureux, l'Empereur pénétra dans une galerie où se trouvaient de nombreux tableaux. Parmi tous les autres, un portrait de grande dimension, enveloppé d'un rayon de soleil, attirait les regards. L'Empereur l'aperçoit; une exclamation s'échappe de ses lèvres; il recule comme frappé d'une illusion fantastique. Il a reconnu l'image de sa mère. Comme une apparition souriante, le doux et fin visage de la Reine Hortense, dans tout l'éclat de la jeunesse et de la beauté, semblait s'avancer au-devant de son fils infortuné. L'Empereur d'un geste arrête ceux qui le suivent. Ils se retirent en laissant retomber derrière eux une lourde portière, et l'Empereur reste seul.

Lorsqu'il reparut, ses yeux mouillés de larmes gardaient la trace de l'attendrissement qui venait de détendre son âme torturée. Ses traits avaient perdu leur contraction douloureuse, le visage de l'Empereur avait pris cette expression de fermeté, de dignité dans le malheur, d'auguste bonté qu'ont bien connue tous ceux qui ont eu l'honneur de l'approcher dans les derniers temps de sa vie.

On a reproché à Napoléon III d'être sorti vivant du champ de bataille de Sedan. On lui a reproché de n'avoir pas fait, comme voulut le tenter le Général de Wimpffen, une trouée à la tête de ce qu'il y avait encore d'hommes debout et en état de combattre.

Si l'armée de Mac-Mahon n'avait pas capitulé, si on avait manifesté la moindre velléité de continuer la lutte, immédiatement tout ce qui se trouvait dans la ville, femmes, enfants, soldats, toutes les troupes agglomérées aux alentours, tout aurait été anéanti.

L'Empereur comprit qu'au milieu des compétitions des généraux se rejetant l'un à l'autre la responsabilité de la défaite; devant l'héroïsme impuissant de nos troupes décimées; alors qu'il n'était plus possible d'espérer que le sacrifice de tant de braves gens pût encore être utile à la France, son rôle de père du peuple commençait et devait se substituer à toute autre autorité.

L'Empereur exerçait à ce moment le droit absolu de vie et de mort sur plus de 80000 hommes. Si l'Empereur s'était détourné du devoir le plus sacré d'un souverain, celui de ménager le sang de ses sujets, quand il doit couler inutilement, si ne pouvant pas les sauver avec lui, il les avait abandonnés au carnage dont l'ennemi s'apprêtait, sans aucune considération d'humanité, à couronner son triomphe, de quels reproches n'aurait-on pas accablé sa mémoire?

Quelques débris héroïques auraient peut-être échappé à l'étreinte de fer des canons de Monsieur de Moltke; mais l'armée et toute la population restaient invinciblement vouées à l'anéantissement. Voilà ce qui ressort des rapports officiels des deux pays, de toutes les enquêtes, de tous les aveux.

Napoléon III voulut que la dernière action de son règne fût un acte d'humanité.

En Angleterre, à Chiselhurst, un jour que des amis pressaient l'Empereur de confondre, par le souvenir d'anciens bienfaits, quelques-uns de ceux qui semblaient insulter à son courage, l'Empereur répondit par cette parole pleine de mansuétude et de pardon :

— Après tant de désastres, on ne peut pas être juste.

CHAPITRE X

Le 4 Septembre. — Les irréconciliables. — Rumeurs dans Paris. — Dépêche de l'Empereur après Sedan. — Thiers et Mérimée. — Le Marquis de Castelbajac. — La Maréchale Canrobert et M. Rouher. — Séance de nuit. — La Déchéance. — Réunion rue de la Sourdière. — Le Gouverneur de Paris se repose. — Mot du Général Trochu. — Un Maire de Paris. — Les amis de la dernière heure. — Entrevue de l'Impératrice avec une Députation de la Chambre. — Son attitude. — Les Ministres. — Envahissement des Tuileries. — L'Impératrice cède. — Metternich et Nigra. — Les adieux. — Envahissement du Carrousel. — Départ. — Le docteur Évans. — Embarquement à Deauville. — La tempête.

A en croire le témoignage de bien des hommes politiques à même d'apprécier le mouvement des esprits, la journée du 4 septembre semble avoir été préparée dès les premiers revers. En terrassant nos armées la défaite ébranlait la fortune de l'Empire, liée depuis le commencement du siècle à la fortune de la France.

A quelles passions ont obéi ceux qui, voulant le renversement d'un régime détesté, n'ont pas hésité à déchaîner la révolution en face de l'ennemi? Quelles ont été pour eux-mêmes les conséquences de leurs actes? Quels résultats ont été atteints? L'avenir de la France répondra. Alors l'histoire portera son jugement sur quelques-uns de ces hommes qui, surgissant tout à coup de la médiocrité, se sont emparés du pouvoir pour enflammer leur pays.

On se rappelle avec quelle ardeur ceux qui formaient à la Chambre le groupe des irréconciliables, c'est-à-dire environ cinquante députés, réclamaient l'armement immédiat de la garde nationale.

Quels intérêts se cachaient sous d'aussi pressantes objurgations? Lorsque le siège de Paris devint imminent, les députés de l'opposition annonçaient hautement cependant que les ouvriers des faubourgs ne se battraient pas pour l'Empire.

Au moment de la déclaration de guerre, l'un des chefs des irréconciliables se promenait dans le jardin des Tuileries en causant avec Monsieur

Riché, président de section au Conseil d'Etat. On parlait des événements prochains et le député en vint à dire, en montrant du poing les fenêtres du cabinet de l'Empereur.

— Ce b......-là a tant de chance qu'il est capable d'être victorieux. Alors nous serions f.....!

Ce propos a été raconté par Monsieur Riché lui-même à Monsieur Godelle, ancien député de Paris, qui l'a répété dans une réunion publique lors des élections de 1879.

Dans un meeting tenu à Nantes en 1871, Monsieur de Kératry, racontant ce qui s'était passé après les premiers désastres, rappelait que, trois semaines avant le 4 septembre, il avait demandé à la tribune la déchéance de l'Empereur et il ajoutait :

— « J'étais accouru à Paris pour préparer la proclamation de la République. Dans la nuit du 3 au 4 septembre, je hâtai, j'activai la déchéance de l'Empereur. Je poussai Gambetta à la tribune ; le 4 septembre je m'emparais de la Préfecture de police et de la direction générale des postes et télégraphes. Voilà ce que j'ai fait ! »

La hâte avec laquelle agirent les ennemis de

l'Empire, dès que la catastrophe de Sedan fut connue, permet de juger la part qu'ils entendaient avant tout faire à leurs idées, à travers les malheurs du pays.

Entre Frœschwiller et Sedan on avait eu un moment d'espoir, lorsqu'on put croire que la jonction de Mac-Mahon et de Bazaine allait s'effectuer.

Tout au contraire, l'armée du Maréchal Bazaine était retenue sous Metz, tandis que l'armée du Prince Frédéric-Charles, qui venait de le combattre victorieusement, arrivait à marches forcées pour soutenir le Prince royal de Prusse à Sedan.

Dès le 2 septembre, dans les sphères officielles on se communiquait la nouvelle alarmante d'une grande bataille dans laquelle le Maréchal de Mac-Mahon aurait été grièvement blessé. Sa vie même était en danger, disait-on.

Vers cinq heures, Monsieur de Vougy, directeur des télégraphes, apportait lui-même à l'Impératrice une dépêche de l'Empereur lui annonçant la capitulation et sa captivité :

« N'ayant pu me faire tuer au milieu de mes

soldats, j'ai dû me constituer prisonnier pour sauver l'armée, » disait cette dépêche.

Nul ne peut deviner, s'il n'a perdu tous les biens de la vie, ce qui se passa alors dans l'âme de la Régente. Elle voyait le gouffre où la France, menacée à la fois par la révolution et la défaite, allait tomber. Les malheurs du pays s'élevaient contre ceux qui portaient la responsabilité du pouvoir. Dans une situation si atteinte, le gouvernement conserverait-il assez d'autorité pour obtenir une paix honorable? Telle était l'unique préoccupation vers laquelle tendait tout l'effort de ses pensées.

En présence de la captivité de l'Empereur, l'Impératrice, désireuse d'attacher à la Défense les hommes dont le concours pouvait être utile au pays sans distinction d'origine, pria Monsieur Mérimée d'aller trouver Monsieur Thiers, afin de le pressentir sur ses dispositions envers le gouvernement.

Tous ceux dont la voix s'était élevée contre la déclaration de guerre étaient entourés de l'auréole des prophètes. Grâce à nos désastres, Monsieur Thiers s'était refait une popularité. Son patriotisme aurait pu, à ce moment, se prêter à un rapprochement. L'Impératrice pouvait l'espérer après la démarche faite récemment auprès de l'Empereur par l'entremise de la Duchesse de Mouchy.

Monsieur Mérimée vit son collègue de l'Académie. Il lui représenta les services qu'il pouvait rendre au pays en créant un terrain de conciliation. Il fit habilement ressortir le rôle considérable que Monsieur Thiers pourrait être appelé à jouer, l'Empereur étant prisonnier.

— Non, répondit Monsieur Thiers, après Sedan il n'y a plus rien à faire, absolument rien.

Monsieur Mérimée insistant pour connaître du moins son avis, Monsieur Thiers déclara qu'il n'avait point d'avis, et pour la première fois de sa vie se retrancha dans le silence.

— J'ai vu l'Impératrice, écrivait Mérimée à son ami Monsieur Panizzi, le 22 août. Elle est admirable et me fait l'effet d'une sainte.

— Quoi qu'il arrive, disait-il peu de jours après, dans une autre lettre, ce pays-ci est bien malade, et, comme le dit l'Impératrice, l'armée que Monsieur de Bismarck a dans Paris est la plus redoutable de toutes.

Monsieur Mérimée mourait à Cannes, trois semaines plus tard.

Cependant, autour de l'Impératrice, on n'était pas sans crainte pour sa sûreté.

Le Marquis de Castelbajac, écuyer de l'Empereur, qui resta constamment aux ordres de la souveraine, chercha à l'éloigner. Il lui représenta les dangers qu'elle courait en restant à Paris. Il proposa de sortir des Tuileries dans les voitures, comme pour une promenade. Il s'était muni d'une forte somme d'argent pour parer à toutes les éventualités. On serait allé prendre le chemin de fer à une gare des environs pour gagner quelque grande ville de province, où l'Impératrice aurait groupé autour d'elle les membres du gouvernement. Alors on aurait ouvert des négociations pour traiter avec la Prusse, à l'abri d'un coup de main révolutionnaire.

L'Impératrice repoussa absolument cette proposition.

— L'Empereur m'a placée ici, répétait-elle. C'est ici qu'est le danger, c'est ici que sont concentrés tous les intérêts du pays. Je ne partirai pas.

La journée du samedi 3 septembre s'écoula anxieuse et pesante. Il n'y avait aucune communication officielle. Des rumeurs sinistres, mais encore vagues, se répandaient. Les bruits les plus contradictoires circulaient.

Le Conseil des ministres s'était réuni comme de coutume et l'on convint d'attendre une confirmation plus complète des événements, avant de les communiquer au public. Dans les situations désespérées, on espère encore, contre toute espérance.

La Maréchale Canrobert, qui n'avait pas quitté l'hôtel de la place Vendôme, bien que le Maréchal eût été remplacé au gouvernement de Paris par le Maréchal Baraguey d'Hilliers, sans nouvelles de son mari, se décide à aller au ministère de la guerre, afin d'obtenir des informations. Là elle apprend la capitulation de Sedan. A neuf heures du soir, son frère, Monsieur Mac-Donald, vient la voir. Il avait rencontré une manifestation de cinq cents individus environ criant : « A bas l'Empire! Vive la France! Vive l'armée! Vive

Trochu ! » En passant devant les Tuileries, les cris s'étaient apaisés pour reprendre devant le Louvre, où se trouvaient les appartements du gouverneur de Paris, qui reçut une députation de cette bande.

A dix heures, des amis apportaient à la Maréchale la dépêche officielle annonçant la capitulation de l'armée de Mac-Mahon et la captivité de l'Empereur. Cette dépêche était commentée de tous côtés. On racontait que l'Empereur s'était exposé comme un simple soldat. On ajoutait que des généraux, le Général de Failly entre autres, avaient été tués par leurs hommes. On savait que les troupes s'étaient battues pendant quatre jours, que par deux fois l'armée de Metz avait vainement tenté de quitter la place, que Bazaine et Canrobert étaient cernés. On ajoutait que la Chambre avait décidé de se réunir dans une séance de nuit.

La Maréchale demanda sa voiture. Accompagnée de la Baronne de Bourgoing, avec qui elle était intimement liée et qui avait dîné chez elle, elle se rendit chez Monsieur Rouher, au Sénat. Dans ce lointain et paisible Luxembourg, tout semblait endormi. Contraste étrange avec les rumeurs grandissantes de la ville ! Monsieur Rouher était couché. Madame Rouher confirme aux visiteuses les nouvelles de l'armée; puis la Maréchale, insistant pour parler au président du Sénat, elles entrent chez lui. Monsieur Rouher dormait; on le réveille pour l'informer de la convocation de la Chambre en séance de nuit.

A dix heures, la foule était considérable devant le Corps législatif. Un parti important voulait dès lors proclamer le Général Trochu dictateur. La droite tente d'associer à son nom celui de Palikao et d'un autre général, afin de constituer une sorte de triumvirat militaire chargé de la défense.

A une heure du matin, le Corps législatif était réuni en séance; le Général Palikao vient lire à la tribune la proclamation du ministère annonçant la défaite de Sedan et la captivité de l'Empereur.

— « Après trois jours de luttes héroïques soutenues par l'armée du Maréchal de Mac-Mahon contre 300 000 ennemis, 40 000 hommes ont été faits prisonniers. Le Général de Wimpffen, qui avait pris le commandement de l'armée en remplacement du Maréchal de Mac-Mahon grièvement blessé, a signé une capitulation. Ce cruel revers n'ébranle pas notre courage. Paris est aujourd'hui en état de défense. Les forces militaires du pays s'organisent. Avant peu de jours une armée nouvelle sera sous les murs de Paris. Une autre armée se forme sur les rives de la Loire.

« Votre patriotisme, votre union, votre énergie sauveront la France. L'Empereur a été fait prisonnier dans la lutte. »

Ces paroles sont accueillies par des exclamations passionnées. L'agitation est à son comble dans l'enceinte du Corps législatif.

C'est alors que Monsieur Jules Favre, montant à la tribune, lit un ordre du jour demandant la déchéance de l'Empereur prisonnier. Devant cette proposition, qui soulève les plus violentes protestations, le ministère garde le silence.

Monsieur Schneider prend le parti de lever la séance en convoquant la Chambre pour le lendemain matin.

Que se passa-t-il durant le reste de cette nuit? Il est permis de croire que les moments furent mis à profit.

On dit que les républicains, ayant fait une démarche auprès du Général Trochu, en le priant de prendre le pouvoir, il aurait répondu :

— Ne comptez pas sur moi. Je resterai fidèle au devoir que j'ai accepté.

D'autre part, le Général Palikao disait hautement qu'il n'hésiterait pas à envoyer le gouverneur de Paris à Vincennes, s'il le soupçonnait de trahir.

Pendant ce temps, l'Impératrice, entourée de ceux qui l'aidaient dans ses travaux, continuait avec un calme stoïque à dépouiller des monceaux de dépêches arrivées de tous les points, réunissant toute son énergie, tout son courage, pour supporter sans défaillance tant de coups répétés, ne perdant pas de vue un seul moment les innombrables devoirs de la défense.

D'heure en heure, pendant cette nuit fatale, des émissaires de Monsieur Pietri, le Préfet de police, apportaient aux Tuileries la nouvelle des dispositions hostiles qui se propageaient dans la population.

De nombreux adeptes réunis rue de la Sourdière autour des meneurs de la révolution attendaient d'eux le mot d'ordre. On savait que l'on était décidé à s'emparer de la personne de l'Impératrice comme d'un otage.

Par trois fois l'Impératrice envoya au Louvre

chercher le Général Trochu, afin de pouvoir prendre avec lui les mesures que commandaient les événements. Trois fois il fut répondu que le gouverneur de Paris, accablé de fatigue, dormait. Durant toute cette nuit, il fut introuvable. L'Impératrice, dans un pareil moment, n'eut pas auprès d'elle celui qui avait accepté la mission de défendre le gouvernement et de pourvoir à la sécurité de la capitale.

Dès la matinée du 4 septembre, une grande agitation avait envahi certains quartiers de Paris. Ce jour étant un dimanche, les ateliers étaient déserts et les ouvriers descendaient des faubourgs. L'Impératrice, qui n'avait pris aucun repos, entendit la messe à sept heures du matin dans son oratoire privé. Peu de moments après, vers huit heures, les ministres se réunissaient pour le conseil.

A ce moment, le Général Trochu parut enfin. L'Impératrice le reçut immédiatement. On discuta les mesures à prendre pour tenter de réprimer l'insurrection. L'Impératrice montra plus de calme, plus de fermeté qu'aucun de ceux qui étaient là. En sortant, le Général Trochu, prenant les mains de l'Amiral Jurien de la Gravière, s'écriait avec effusion :

— Quelle femme admirable! C'est une Romaine!

Il était environ neuf heures du matin. Ce fut la dernière entrevue de la Régente avec le gouverneur de Paris.

On a dit que l'Impératrice avait été abandonnée de tous dans ces terribles circonstances : rien n'est plus faux. En dehors du service et des intimes qui ne l'avaient pas quittée, c'était aux Tuileries un va-et-vient continuel d'amis, d'inconnus même, qui venaient s'informer et se mettre aux ordres de l'Impératrice, lui offrir leur concours, leur dévouement. A aucun moment, les Tuileries n'ont été si remplies, si abordables.

Monsieur de Lesseps se présenta dès les premières heures de la matinée. C'était un ami de jeunesse de l'Impératrice. Il venait conjurer la Régente de se retirer. Il fut un des premiers à accuser hautement le Général Trochu de trahir.

Il apprit à l'Impératrice que le matin même un des magistrats de Paris, maire d'un arrondissement situé du côté du faubourg Saint-Antoine, était venu prévenir Monsieur Charles de Lesseps, son fils, qu'il fallait absolument mettre la personne de l'Impératrice à l'abri. Humain et bienfaisant, Monsieur X... était respecté de ses administrés. Deux ouvriers auxquels il avait, paraît-il, rendu quelque service, étaient venus le prévenir qu'une révolution allait éclater.

— Nous vous devons de la reconnaissance, dirent-ils. On va renverser le gouvernement, on se battra et vous êtes au nombre de ceux qui sont personnellement menacés ; partez, monsieur, quittez Paris immédiatement.

Le maire ne parut pas ajouter foi à leurs paroles.

— Le gouvernement n'a rien à craindre, dit-il. Le Général Trochu fera marcher le canon et vous vous tiendrez tous tranquilles.

Alors ces hommes, s'étant consultés un moment, reprirent :

— Nous ne voulons pas qu'il vous arrive malheur. Le Général s'est entendu avec nos chefs. Il était cette nuit à la réunion de la rue de la Sourdière ; il marchera avec nous.

L'Impératrice ne voulut pas tenir compte de cette communication. Que de fois ne lui avais-je pas entendu répéter :

— Jamais je ne partirai en fiacre, comme l'ont fait Charles X et Louis-Philippe. Jamais je ne fuirai devant la Révolution !

Cependant des mesures d'ordre avaient été prises ; la place du Corps législatif était occupée par de la cavalerie ainsi que la cour du Palais-Bourbon. La chaleur était accablante ; les soldats sommeillaient couchés près des faisceaux formés.

En attendant la séance qui devait avoir lieu à midi, les députés de la droite, sous la présidence de Monsieur Jérôme David, se concertèrent dans une réunion extra-parlementaire. Monsieur Jérôme David avait accepté le ministère de l'agriculture et du commerce dans le cabinet qui avait remplacé le ministère Ollivier.

— Je prends un portefeuille comme on saisit un fusil pour la bataille, avait-il dit alors.

Des communications télégraphiques arrivant de tous côtés annonçaient une grande effervescence dans les départements. On avait même sujet de croire que la République était proclamée à Lyon et à Marseille. Dans la matinée, le gouvernement avait décidé de présenter aux Chambres un projet de loi tendant à former un conseil de gouvernement et de défense nationale, composé de cinq membres sous l'autorité de la Régente, nommés par le Corps législatif à la majorité absolue.

A midi la Chambre était réunie en séance. Le Général Palikao, la mort dans l'âme — car on vient de lui apprendre que son fils unique a été tué à Sedan, — trouve assez de force dans son patriotisme pour soutenir le projet du gouvernement. D'anciens adversaires de l'Empire se rallient honorablement à cette proposition destinée à en combattre d'autres plus radicales, plus violentes et qui semblent dangereuses.

— Hélas! s'écrie Monsieur de Talhoüet découragé, ne sommes-nous pas déjà bien loin de tout cela !

La proposition gouvernementale est repoussée ; un parti considérable réclame la remise du pouvoir au Corps législatif. En présence de la Révolution déchaînée, on décide d'envoyer aux Tuileries une députation chargée de conférer avec la Régente. La députation se composait de Messieurs d'Ayguesvives, chambellan de l'Empereur; de Pierres, premier écuyer de l'Impératrice ; du Comte

Daru; de Messieurs Dupuy de Lôme, Genton, Kolb-Bernard, Buffet, Chesnelong. Ces Messieurs prennent des fiacres et se rendent aux Tuileries sans rencontrer aucun embarras. Cependant Monsieur Chesnelong est séparé de ses collègues pendant le trajet et ne peut les accompagner.

Il était environ midi et demi. La cour du Carrousel, brûlante sous un soleil ardent, était vide; la cour des Tuileries, morne et déserte. Le palais apparaissait alors, suivant le mot de Napoléon Ier, « triste comme la grandeur ».

La députation se fait annoncer et est introduite immédiatement au salon de service, où se trouvaient entre autres la Vicomtesse Aguado, la Comtesse de la Poëze, Madame de Saulcy, la Maréchale Malakoff, la Comtesse de Rayneval, Madame de Sancy, Messieurs de Brissac, de Lezay Marnésia, de Castelbajac, le Vicomte de Laferrière, le Marquis de Piennes, Monsieur de Lesseps, un aumônier de la chapelle. On entoure les députés. Monsieur de Lesseps reconnaît la nécessité immédiate pour l'Impératrice de se démettre de la Régence et de se retirer.

Sur la demande de la députation d'être admise

auprès de Sa Majesté, le Marquis de Piennes, chambellan de service, se dirige vers le cabinet de l'Impératrice afin de prendre ses ordres. Il revient aussitôt en priant les délégués de le suivre et les conduit à travers les appartements, au salon bleu qui précède le cabinet de l'Impératrice.

Les meubles recouverts de leurs housses, les rideaux enveloppés, tout ce luxe éteint sous des couleurs ternes, ajoute un caractère de sévère tristesse à la gravité du moment.

Bientôt la porte s'ouvre et l'Impératrice paraît suivie de l'Amiral Jurien de la Gravière. Elle est vêtue d'une robe de soie noire, et, malgré la chaleur du jour, pâle et glacée, elle a sur les épaules une sorte de petit mantelet en soie violette avec quelques minces galons d'or, qu'elle serre frileusement autour d'elle. Les députés s'inclinent profondément; l'Impératrice les salue avec cette grâce souveraine, cette dignité affable qui la caractérisait. Attirant une petite chaise placée près d'elle, elle s'assied dans l'angle de la fenêtre voisine de son cabinet, en faisant signe à ces Messieurs de s'asseoir à leur tour.

Les sièges étaient peu nombreux. Sur un ordre

de l'Amiral, un huissier apporte quelques chaises, et tous, sur une nouvelle invitation de l'Impératrice, prennent place.

Alors l'Impératrice les prie de lui faire part de l'objet de leur visite. A ce moment suprême, et malgré les violentes préoccupations dont son visage pâli portait la trace, l'Impératrice conservait la dignité, le calme d'une souveraine en présence de ses sujets.

Monsieur Buffet prend la parole. Dans un langage ému, plein de délicatesse et de déférence, il trace un rapide tableau des malheurs qui accablent la France et la famille impériale. Il expose les difficultés de l'heure présente, la profonde division des partis. Il représente à l'Impératrice l'impossibilité pour le Corps législatif, devant les excitations révolutionnaires et malgré son désir de soutenir le gouvernement de l'Empire, d'adopter le projet de Conseil supérieur de gouvernement et de défense nationale proposé par le général de Palikao. Afin d'enlever tout prétexte à la demande de déchéance présentée par Monsieur Jules Favre, il prie l'Impératrice d'accepter une proposition intermédiaire qui, ne touchant pas à la remise des pouvoirs, à la question de gouvernement, permet au moins de gagner du temps et de ménager l'avenir de la dynastie impériale.

Ici, d'un geste, l'Impératrice interrompt l'orateur. Avec une grande netteté dans la parole, le regard levé comme si l'avenir se dévoilait à ses yeux :

— « Vous invoquez l'avenir de la dynastie Impériale, dit-elle. Ne parlons pas de l'avenir. Il n'existe pas pour moi. Je ne saurais me préoccuper à cette heure ni de moi, ni de l'Empereur, ni du Prince Impérial. »

Ce nom amène sur ses lèvres et dans sa voix un tremblement aussitôt réprimé.

« C'est le pays seul qui doit m'occuper. C'est l'accomplissement de mon devoir et j'irai jusqu'au bout. Je ne sais quels desseins s'élèvent contre l'Empire et contre moi. Si c'est ma vie que l'on réclame, je suis prête à la livrer. Le sacrifice sera léger, ajoute-t-elle avec un faible sourire, mais je ne saurais déserter mon devoir. La proposition portée à la Chambre a été discutée en conseil des ministres, et prise en commun comme l'ont été tous les actes du gouvernement, depuis que l'Empereur m'a investie de la Régence. Je commettrais un acte inconstitutionnel, si je me séparais par aucune détermination du conseil de Régence. Si le conseil pense qu'une nouvelle proposition est devenue nécessaire, qu'il se réunisse, qu'il la formule. Mais je ne peux prendre aucune initiative !

« Mon honneur et mon devoir, et par-dessus tout l'intérêt du pays vis-à-vis de l'ennemi triomphant, est de maintenir l'intégrité du gouvernement. Je resterai jusqu'au dernier moment fidèle au poste où j'ai été placée ; en agissant autrement, comme une sentinelle qui trahit son devoir en abandonnant son poste à l'heure du péril, je trahirais la confiance de l'Empereur. Le seul parti efficace serait aujourd'hui pour les représentants du pays, de se serrer autour de mon gouvernement et d'unir nos efforts contre l'invasion étrangère. Si j'insiste sur la nécessité de ma présence, même au cas où la résistance serait reconnue impossible, c'est dans l'espoir d'obtenir une paix moins défavorable que celle que l'ennemi serait tenté de nous imposer en présence d'un gouvernement désorganisé. Une grande puissance vient par l'organe de notre ambassadeur de m'adresser l'offre d'une médiation sur la base de l'intégrité du territoire et du maintien de la dynastie. J'ai accepté la médiation sur le premier point. Je l'ai repoussée sur le second ! C'est au pays seul à se prononcer sur le maintien de la dynastie. »

L'Impératrice faisait allusion à une dépêche qu'elle venait de recevoir du général Fleury, notre ambassadeur à Saint-Pétersbourg, et qu'on n'a jamais pu retrouver dans les Archives du ministère des affaires étrangères.

« Non, continua l'Impératrice, ce n'est pas à moi qu'il appartient de me relever du poste qui m'a été confié. C'est à l'Empereur seul de le faire. »

Toutes ces paroles étaient dites sur le ton mesuré de la conversation.

Monsieur Buffet alors, tout en reconnaissant que le parti le plus avantageux à la France était de se grouper autour du gouvernement de la Régente, ajouta néanmoins qu'à l'heure actuelle l'irritation de l'esprit public et les divisions des partis semblaient absolument opposés à ce projet. Il y avait dans le sein de l'Assemblée, comme au dehors, un courant favorable à la résolution que l'on demandait à la Régente de prendre, comme le dernier espoir qui restait de pouvoir grouper les bonnes volontés et les sympathies. Il fallait une résolution immédiate. Le temps manquait pour consulter le conseil de Régence. L'Impératrice se trouvait en quelque sorte déliée des obligations constitutionnelles par la contrainte que la gravité et la rapidité des événements imposait à son esprit. Il suppliait l'Impératrice de prendre le seul parti qui permettrait aux représentants de rester fidèles à leur serment, tout en sauvegardant ce qui pouvait encore être sauvé.

De moment en moment, l'entretien était interrompu par des messages qui apportaient les nouvelles désastreuses de l'émeute grandissante.

L'Impératrice les lisait rapidement et les résumait en quelques mots. On lui en remit un qui arracha des pleurs à son courage. On venait de briser les aigles qui ornaient les piliers du Corps législatif.

Le Baron de Pierres, premier écuyer de l'Impératrice, un de ceux dont le dévouement et le profond attachement à la souveraine ne se sont jamais démentis, adjurait l'Impératrice de souscrire aux vœux de la majorité de la Chambre en résiliant ses pouvoirs.

— Plus jaloux de l'honneur de Votre Majesté que de son salut, je la conjure de prendre cette détermination pour épargner au pays une révolution plus affreuse qu'aucune de celles qu'ait encore connues la France.

Le comte d'Ayguesvives unissait ses instances à celles de son collègue.

— Que Votre Majesté remette ses pouvoirs à la Chambre. Là est la dernière ressource, disait-il, la seule garantie pour la dynastie.

— Croyez-vous donc, leur dit l'Impératrice avec véhémence, que je tienne au pouvoir? Oui, vous m'avez vue la souveraine couronnée des jours de fête. Désormais rien ne pourra adoucir les déchirants souvenirs de l'heure présente. Tous les deuils de la France, je les porterai éternellement dans mon cœur.

A ce moment, un huissier, M. Bignet, se présenta à la porte. Il annonça que M. de Gardanes, chambellan de l'Empereur et député de la Gironde, arrivait du Corps législatif et demandait à être introduit pour une communication urgente.

— Priez-le d'attendre un moment, dit l'Impératrice.

Les délégués, inquiets de la rapidité avec laquelle les événements se précipitaient, insistèrent pour qu'il fût introduit.

L'Impératrice, avec beaucoup de calme :

— Pardon, Messieurs, rien ne presse. Et s'adressant à Bignet : Dites à M. de Gardanes que je le prie de vouloir bien attendre un moment.

Puis elle reprit l'entretien. Enfin, plutôt vaincue que persuadée :

— Messieurs, dit-elle, je me rends. Je donnerai mon adhésion à la proposition que vous m'apportez, mais à la condition expresse qu'elle sera ratifiée par les ministres et le conseil de Régence. A aucun prix je ne me séparerai d'eux.

Cette concession obtenue, on introduisit M. de Gardanes. Il arrivait du Corps législatif. La Chambre venait d'être envahie. Il dépeignit les violences de la multitude forçant les portes de la salle des séances, se répandant dans les tribunes, dans l'hémicycle, menaçante pour les députés, dont un grand nombre n'avait pas échappé à sa violence. M. Schneider, en particulier, avait été presque arraché du fauteuil de la présidence aux cris de :

— Mort à l'assassin du Creuzot! Vive la République! La déchéance!

Il ajouta que, partout, les aigles étaient brisées. L'Impératrice conservait tout son calme en écoutant ces terribles détails.

L'Amiral Jurien, qui avait assisté silencieusement à cette dramatique entrevue, se levant alors, s'adressa à Monsieur Buffet:

— Monsieur, lui dit-il, la parole d'un honnête homme peut avoir une grande action sur une assemblée. Allez à la Chambre. Tâchez de rallier le plus grand nombre de vos collègues. Dites-leur ce que vous avez trouvé ici. Faites-leur part de l'entretien qui vient d'avoir lieu. Dites-leur que l'Impératrice est fermement décidée à maintenir l'intégrité du gouvernement; que la représentation nationale peut se reconstituer et se réunir ailleurs qu'à Paris. Le gouvernement ne doit pas s'anéantir devant l'émeute.

Monsieur Buffet, à ces paroles, eut un grand geste des deux bras:

— Il est trop tard, dit-il douloureusement. Il ne reste plus rien à faire qu'à assurer le salut de l'Impératrice.

Alors les délégués se levèrent pour se retirer. Chacun s'inclina profondément devant celle qui était encore leur souveraine et qui prit congé d'eux en tendant à chacun sa main qu'ils baisèrent avec une émotion douloureuse.

— Mes yeux sont mouillés de larmes, disait Monsieur Buffet en sortant de cette entrevue, devant tant de grandeur d'âme et de désintéressement.

Comme la députation se retirait, les ministres, qui avaient quitté la Chambre envahie, arrivaient aux Tuileries, afin d'obtenir le départ immédiat de l'Impératrice. Monsieur Jérôme David, pâle, anxieux, traverse le salon de service. Monsieur Daru, Messieurs Henri et Léon Chevreau, Monsieur Busson-Billault le suivent. Ce dernier dit à Madame de Bourgoing, qui vient d'arriver ainsi que la Maréchale Canrobert :

— La Chambre est envahie, la majorité se disperse. Des hommes que nous avons vus quêter un sourire de l'Empereur proposent la déchéance. Comment croire que nous nous serions vus ici dans de telles circonstances? Nous venons supplier l'Impératrice de partir!

Les ministres entrent chez Sa Majesté pour accomplir leur mission. On la conjure de s'éloigner; l'Impératrice résiste encore. Enfin Monsieur Piétri, le préfet de police, arrive.

Il est trois heures. La Révolution est déchaînée. On fait observer à l'Impératrice que le palais est rempli de monde, d'amis, de serviteurs dévoués, de soldats! Tous sont résolus à partager le sort de leur souveraine; si l'Impératrice ne se décide pas à s'éloigner immédiatement, une collision se produira, tous seront massacrés inutilement avec elle.

Cette considération triomphe enfin.

— Épargnez un crime à la France, s'écrie Monsieur Jérôme David. Que Votre Majesté utilise le lambeau d'autorité dont je dispose encore pour faire chauffer un train qui la transportera où elle veut aller.

— Je n'y ai pas songé, dit l'Impératrice.

On demande un indicateur à Bignet et, penché sur la carte des chemins de fer, on examine les différents trajets.

L'Amiral Jurien propose d'aller prendre le chemin de fer à Versailles ou bien de gagner le

Havre, où l'on pourrait se rendre avec le *Puebla*, une petite canonnière faisant partie de la flottille de la Seine.

— A Versailles je suis trop connue, dit l'Impératrice, qui de Saint-Cloud y allait constamment. Quant à gagner le Havre par la Seine, vous n'y songez pas, mon cher Amiral, aux premières écluses on me cueillerait comme une violette.

L'Amiral propose alors d'aller à Lorient où un bâtiment de la flotte mis aux ordres de l'Impératrice la transporterait hors de France. Pendant que ces différents projets sont discutés, le Prince de Metternich, Ambassadeur d'Autriche, et le chevalier Nigra, Ambassadeur d'Italie, sont introduits. On leur fait part de l'incertitude dans laquelle on se trouve.

— Nous venons offrir à l'Impératrice notre sauvegarde, dit Monsieur Nigra.

Le Prince de Metternich attire Madame Lebreton dans une fenêtre et cause avec elle à voix basse. Au bout d'un moment, Madame Lebreton revient vers l'Impératrice, lui parle en particulier. L'Impératrice fait un signe d'acquiescement. Alors l'Amiral Jurien s'approche à son tour de l'ambassadeur d'Autriche pour l'interroger.

— Soyez sûr, dit le Prince de Metternich, que je réponds de tout ! Du reste, Amiral, vous pouvez accompagner Sa Majesté.

L'Impératrice alors, s'adressant aux ministres, leur fait en termes touchants de rapides adieux.

La foule commence à envahir les Tuileries et s'avance jusqu'à la grille du jardin réservé. L'Impératrice voit le tumulte. Elle peut entendre les menaces, les cris de colère.

A ce moment où la sûreté, la vie même de la Régente étaient menacées, une voix près d'elle s'écrie :

— Il faut aller chercher Trochu.

— Laissez, reprend l'Impératrice : le poste d'honneur pour lui était ici ; ce n'est pas à nous de le lui rappeler.

La Princesse Clotilde arrive pour se joindre à l'Impératrice. Elle veut partager les dangers qui la menacent. Sa Majesté lui fait part de la résolution qu'elle a prise et l'engage à quitter Paris également.

La Princesse, fidèle à l'antique tradition des Princesses de la maison de Savoie, vivait au Palais

Royal comme une sainte ; modeste dans ses goûts,
grande par sa charité et ses vertus, elle a laissé
un souvenir vénéré dans la population parisienne.
Elle put traverser tout Paris le 4 septembre pour
se rendre à la gare de Lyon dans ses équipages,
ne recueillant que des témoignages de sympathie
et de respect.

Les personnes présentes aux Tuileries attendaient au salon de service et suivaient avec une
anxiété facile à concevoir toutes ces péripéties.

— L'Impératrice va partir, disent les ministres
en se retirant.

Aussitôt la vicomtesse Aguado se dirige vers
le cabinet de Sa Majesté. Elle va la supplier de
lui permettre de l'accompagner. La Duchesse de
Malakoff, la Maréchale Canrobert, Mesdames
de Rayneval, de Saulcy, de la Poëze, de Sancy,
dames du palais, la Baronne de Bourgoing, toutes sont là, calmes, résolues, aspirant à l'honneur
de suivre l'Impératrice, chacune espérant être
choisie pour partager ses périls. Bientôt, Madame
Aguado revient.

— Venez, dit-elle, l'Impératrice veut vous dire
adieu.

On se dirige vers le second salon. L'Impératrice sort de son cabinet et s'avance au-devant des amis de la dernière heure. Elle porte les mêmes vêtements que dans la matinée et marche lentement, la tête un peu baissée.

Pendant un moment c'est, entre ces personnes si profondément émues, une confusion d'expressions douloureuses et entrecoupées.

L'Impératrice tend la main à chacun.

— Emmenez-moi, emmenez-nous, disent-ils tous.

L'Impératrice regarde avec une profonde expression de douleur, de gratitude, ces visages amis qui s'inclinent autour d'elle.

— Merci, dit-elle; je ne veux entraîner personne dans ma mauvaise fortune. En France, voyez-vous, il ne faut pas être malheureux.

Elle tend sa main à la maréchale Canrobert, et, l'embrassant, lui dit quelques paroles à voix basse. Madame de Bourgoing dont le mari avait rejoint les volontaires du département de la Nièvre, s'adressant à l'Impératrice qui l'embrasse à son tour :

— Mon mari est à la tête de 3 500 hommes

dévoués; je viens prendre les ordres de Votre Majesté.

— Des ordres! reprend l'Impératrice, je n'en ai plus à donner. Que voulez-vous! — Et sa voix se brise. — Il est des événements plus forts que le courage! Des destinées plus fortes que la volonté des hommes. Il faut céder. Jamais je n'oublierai ce que vous avez été tous pour moi. Jamais je n'oublierai comment vous m'avez soutenue dans de pareils moments ; je vous remercie.

— Adieu, dit-elle, adieu.

On l'entoure, on lui baise les mains, on sanglote.

— Emmenez-moi, emmenez-nous, répète-t-on encore.

— C'est impossible, dit-elle. Merci, Mesdames.

Et de nouveau, une dernière fois, l'Impératrice les embrasse.

— Adieu, répète-t-elle.

Puis, à travers ses larmes, sa figure s'illumine d'un triste et doux sourire.

— Non! pas adieu! dit-elle; au revoir. N'est-ce pas nous nous reverrons bientôt?

— Oui, au revoir, s'écrie-t-on.

S'éloignant comme à regret, l'Impératrice se retourne plusieurs fois avec un geste affectueux, puis disparaît.

On se sépare le cœur brisé. Mais on sent que la violence populaire frappe à la porte, et il faut que l'Impératrice parte.

On est dans l'ignorance absolue du lieu où l'Impératrice va se retirer, mais on se rassure en pensant que Sa Majesté est sous l'égide des Ambassadeurs de deux grandes puissances : l'Ambassadeur du Roi d'Italie, qui doit tant à l'Empereur ; l'Ambassadeur d'Autriche, dont la situation a toujours été favorisée à la cour, et qui, en toute circonstance, se plaisait, ainsi que la Princesse de Metternich, à exalter leur attachement pour l'Impératrice.

On ne doute pas que la sûreté, que la dignité de la souveraine ne soient du moins à l'abri, et cette pensée est une immense consolation pour tous ces cœurs fidèles qui s'oublient devant l'infortune de leur souveraine.

Leur rôle est fini. Il n'y a même pas à essayer d'une résistance inutile. Il n'y a plus qu'à se retirer.

Le Général Mellinet, commandant de la garde nationale, qui était depuis le matin aux Tuileries, entre dans le salon de service.

— Je viens demander à l'Impératrice la permission de faire balayer tous ces braillards, dit-il.

Monsieur de Castelbajac lui apprend alors que l'Impératrice quitte le palais.

— Nous ne pouvons cependant pas nous laisser égorger comme des femmes, s'écrie le Général Mellinet hors de lui. Et, saisissant Monsieur de Castelbajac, il le secoue avec violence par les deux bras.

— Allons, mon Général! lui dit Monsieur de Castelbajac, en montrant son revolver. J'ai là six balles. On ne nous égorgera que quand elles seront tirées; mais attendons que l'Impératrice soit partie pour ne pas la faire massacrer avec nous.

Se calmant, le vaillant soldat comprend qu'il n'y a plus rien à tenter.

Le Général Mellinet, dont le visage portait une glorieuse et terrible balafre rapportée de Crimée, était très populaire à Paris.

— Tâchez, mon Général, lui dit Monsieur de Castelbajac, de retarder l'envahissement jusqu'à ce que l'Impératrice ait pu quitter le palais.

Le vieux général part aussitôt. Il donne l'ordre d'abaisser le drapeau. Puis, s'avançant vers la foule du côté des jardins, il commence à parlementer. Afin que sa voix soit mieux entendue, il monte sur une chaise.

— L'Impératrice a quitté les Tuileries, dit-il. Vous êtes des Français, vous ne voudriez pas vous déshonorer en insultant une femme infortunée. Ne faites pas de désordre. Retirez-vous!

Sa voix arrête un moment la poussée populaire. Mais bientôt la faible grille qui sépare le jardin réservé cède en vingt endroits et la foule, faisant irruption, se précipite en courant à travers les parterres.

Monsieur Sarcey et Monsieur Armand Gouzien marchent en tête. D'une fenêtre, le Vicomte de Laferrière reconnaît Monsieur Sarcey et l'apostrophe avec indignation. Un duel faillit s'ensuivre.

Après avoir reçu les adieux de l'Impératrice, chacun s'éloigne.

La Maréchale Canrobert et Madame de Bourgoing partent ensemble. On avait engagé la Maréchale à faire enlever la cocarde tricolore que portaient ses gens. Elle s'y refuse, traverse sans difficulté la rue de Rivoli, encombrée par la foule.

Madame de Bourgoing se rend directement au Palais de l'Industrie. Elle va reprendre ses travaux à la lingerie de la Société de secours aux blessés.

En arrivant aux Champs-Élysées, où par un contraste singulier tout est calme, elle remarque que le théâtre de Guignol donne paisiblement une représentation devant son public ordinaire et elle croise, dans leurs légères voitures, quelques demoiselles à la mode qui envoient leur sourire aux passants.

Tout l'effort révolutionnaire s'est concentré autour de la Chambre et des Tuileries. C'est là que devaient agir les émeutiers pour provoquer un conflit, leurs chefs pensant que la population parisienne ne serait disposée à les suivre qu'entraînée par un premier succès.

Cependant, Madame Aguado, Madame de la Poëze ne peuvent se résoudre à quitter l'Impératrice. Elles l'ont suivie, l'entourent pendant que Sa Majesté met à la hâte un chapeau, un voile épais, un manteau de voyage.

Un plateau est posé sur un meuble. Il contient

encore le déjeuner intact! L'Impératrice n'a rien pris de la journée. Ces dames la supplient de ne pas partir ainsi. Madame de la Poëze lui fait observer qu'elle a besoin de ses forces, qu'elle s'expose à un malaise causé par la faiblesse.

L'Impératrice prend un morceau de pain dont elle avale quelques bouchées à la hâte, puis elle jette un dernier regard autour de ce *home* familier qu'elle ne reverra plus. Parmi tous les papiers épars, elle aperçoit la dépêche fatale dans laquelle l'Empereur lui annonçait la défaite et la captivité. Elle la prend afin de l'emporter; mais, se ravisant:

— Non, dit-elle! Il vaut mieux qu'on la trouve en entrant ici. » Et Sa Majesté la place bien en évidence sur son bureau.

Alors, après une dernière effusion, elle se sépare de la Vicomtesse Aguado, de Madame de la Poëze, qui l'assistent jusqu'à la dernière minute, et suivie de Madame Lebreton seule, du Prince de Metternich, du Chevalier Nigra, de l'Amiral Jurien de la Gravière, de Monsieur Conti, chef du cabinet de l'Empereur, qui fut, en toutes ces circonstances, admirable de dévouement, et d'un officier d'ordonnance, l'Impératrice traversant les appartements intérieurs, prend l'escalier qui conduit au rez-de-chaussée pour gagner le perron du Prince Impérial, celui de droite dans la cour des Tuileries.

Un petit coupé, le brougham de l'aide de camp de service, stationne là comme d'ordinaire; le cocher se tient correct sur son siège, prêt à partir au premier signe. On va pour l'appeler; mais le Prince de Metternich fait observer que la cocarde de la maison et la couronne impériale peinte sur les portières peuvent attirer l'attention.

— Ma voiture attend sur le quai, dit-il, il vaudrait mieux la faire avancer. L'officier d'ordonnance se propose pour aller la chercher.

— C'est une voiture sans armoiries avec un cheval blanc, dit le Prince.

L'officier s'éloigne et l'Impératrice, toujours entourée des mêmes personnes, s'assied sur un siège du vestibule pour attendre.

L'officier a vite franchi les soixante mètres environ qui séparent le palais de la grille. Au moment où cette grille va être ouverte pour le laisser passer, une colonne d'émeutiers, débouchant par les cinq grands guichets du Louvre, se précipite sur la place du Carrousel, en proférant des cris de mort, des chants, des menaces. La retraite est coupée. L'officier revient en courant, afin que l'Impératrice ne se hasarde pas de ce côté. Pendant qu'il regagne le perron du Prince Impérial, la foule tumultueuse s'est précipitée sur les grilles qu'elle vient battre en vociférant.

En quelques mots il explique la situation.

L'Amiral Jurien alors s'avance seul vers la foule afin de parlementer pour tâcher de gagner du temps. La grille, malgré une poussée formidable, tient solidement.

Un poste de quelques chasseurs à pied commandés par un sergent, voyant l'Amiral s'avancer seul en uniforme au-devant de la foule, l'entoure et le protège.

— L'Impératrice a quitté les Tuileries, dit l'Amiral en s'adressant aux premiers rangs des assaillants. Épargnez-vous des violences inutiles.

A ce moment un groupe de gardes nationaux, qui venait pour relever les chasseurs, se joint à ceux-ci et l'officier qui les commande se met avec beaucoup de courage et de déférence aux ordres de l'Amiral.

— Empêchez seulement qu'on ne brise cette grille afin d'éviter que tout ne soit saccagé, dit l'Amiral. L'Impératrice n'est plus là.

— Comptez sur nous, Monsieur, disent ces braves gens. Et ils essayent de parlementer; mais on ne veut pas les entendre. Alors, à coups de crosse, ils dégagent la grille et la populace se rue vers une autre entrée. L'Amiral revient en hâte. Il ne retrouve plus l'Impératrice.

Néanmoins, la nouvelle de son départ se propage; la foule profère toujours des cris de colère. C'était la populace qui apparaît tout à coup dans les jours de deuil et de violence. Des hommes montent sur les deux statues qui servent de pilastre aux grilles, dominant de leur impassibilité la cohorte furieuse. L'une représente la Loi armée du glaive; l'autre, la Justice tenant ses balances.

L'Amiral rencontre le Général Lepic, qui venait de changer son uniforme contre des habits bourgeois. Il apprend que l'Impératrice est remontée pour chercher une autre sortie et qu'elle doit avoir quitté les Tuileries.

Quelques valets de pied se préparent également à partir. Sur l'ordre exprès de l'Impératrice, ils avaient déposé leur livrée. Tous ces incidents s'étaient succédé très rapidement.

Cependant l'Impératrice, voyant le torrent populaire se ruer sur les Tuileries, avait pris le parti de remonter dans les appartements, afin de traverser le Louvre et de gagner la sortie du côté de la place Saint-Germain-l'Auxerrois.

Toute cette aile gauche des Tuileries faisant suite aux appartements particuliers de l'Impératrice, et où se trouvait la salle de théâtre, était assez négligée. Elle était destinée à une réparation prochaine. L'on voulait établir d'une façon définitive la maison du Prince Impérial dans le grand pavillon du bord de l'eau, qui devait être relié à l'intérieur du palais. Les appartements qui le précédaient se ressentaient des travaux commencés.

L'Impératrice, se dirigeant vers la salle des États, parcourait ainsi en fugitive le même trajet qu'elle avait fait si peu de temps auparavant entre son mari et son fils, pour se rendre, au milieu d'un imposant cortège, à la séance de gala dans laquelle on remettait à l'Empereur les résultats d'un plébiscite triomphant.

Les abords de la salle des États étaient encore encombrés de matériaux, à travers lesquels il fallut se frayer un passage. On traverse la salle, mais la porte du musée est fermée. On frappe, on appelle pour attirer l'attention des gardiens. On n'entend que les rumeurs du dehors. Enfin Monsieur Thélin, le trésorier de l'Empereur, ayant appris de quel côté se dirigeait l'Impératrice, arrive fort heureusement avec un passe-partout qui ouvre toutes les portes du palais. On pénètre dans la galerie des tableaux. Là, l'Impératrice prend congé de Monsieur Conti et de l'officier d'ordonnance, qui hésitent à la quitter. On leur fait observer que plusieurs personnes réunies attireraient sûrement l'attention. Sa Majesté remarque alors que l'officier d'ordonnance a conservé son brillant uniforme bleu avec les aiguillettes d'argent. Elle lui fait promettre de ne pas se risquer ainsi au dehors. Puis on suit les galeries de tableaux et l'on prend l'escalier qui descend au musée assyrien.

A ce moment, Sa Majesté n'a plus auprès d'elle que Madame Lebreton, le Prince de Metternich, dont elle prend le bras, et Monsieur Nigra.

On voulait sortir par le guichet qui donne sur la place Saint-Germain-l'Auxerrois; mais de ce côté encore des émeutiers gardent les grilles, toutes les issues sont occupées. Cependant une poussée se fait vers l'église, la place se déblaie un moment. Les fugitifs en profitent pour sortir du Louvre.

Le Prince de Metternich et le Chevalier Nigra s'éloignent pour aller chercher une voiture, car on ne peut songer à rejoindre la voiture du Prince, qui stationne beaucoup plus haut sur le quai. La foule revient pendant leur absence. Deux femmes isolées peuvent être remarquées. Un fiacre passe, Madame Lebreton l'arrête, entraîne l'Impératrice et donne l'adresse d'un de ses amis, Monsieur Besson, conseiller d'État.

Au moment où la voiture s'ébranle, un gamin s'écrie :

— Tiens ! l'Impératrice.

Sa voix est étouffée par le tumulte. Le fiacre

s'engage dans la rue de Rivoli pour gagner le boulevard Haussmann. Monsieur Besson n'est pas chez lui. Il s'est rendu aux Tuileries pour se mettre aux ordres de l'Impératrice. Madame Lebreton, craignant d'éveiller l'attention de ses gens en entrant chez lui pendant son absence, donne l'ordre d'aller avenue de Wagram, chez Monsieur le marquis de Piennes. Il est absent également, n'ayant pas encore pu rentrer depuis l'envahissement des Tuileries. Que faire?

Retourner vers l'intérieur de Paris semble périlleux. On cherche, parmi les personnes sur qui l'on peut compter, quelles sont celles qui habitent dans les environs. C'est alors que Madame Lebreton songe au docteur Evans. Son hôtel est situé avenue de l'Impératrice. Monsieur Evans est Américain. Il vaut mieux s'adresser à un étranger que sa nationalité met à l'abri de certaines responsabilités. On s'arrête à ce parti et l'Impératrice arrive chez Monsieur Evans, qu'on rencontre enfin.

Là, brisée par tant d'émotions et de douleur, l'infortunée souveraine trouve les soins, le respect, tout le dévoûment dont il est possible d'être entourée. Sans hésiter, le docteur accepte la mission d'assurer le salut de la souveraine qui se confie à lui dans un pareil moment.

Il supplie l'Impératrice de prendre quelque repos ; pendant ce temps il s'occupe de tout organiser pour le départ.

Enfin, vaincue par l'excès même de tant d'angoisses et de maux, l'Impératrice tombe dans cette sorte d'anéantissement où la nature se venge de la douleur, et un sommeil troublé vient lui rendre un peu de force.

Le Vicomte et la Vicomtesse Aguado avaient pu rejoindre leur voiture avant l'envahissement de la place du Carrousel.

C'est la Comtesse de la Poëze qui la dernière a quitté les Tuileries. Après avoir vu l'Impératrice s'éloigner, elle était revenue au salon de service. Elle mit son chapeau, et eut assez de présence d'esprit pour songer à regarder dans un meuble où nous serrions nos ouvrages et d'autres menus objets, afin de voir si on n'avait rien oublié. Elle trouva un dé d'or à l'une de nous, et mon livre de messe, un gros paroissien volumineux que j'avais placé là quelques jours auparavant !

Elle voulut bien se charger de ce livre encombrant, et accompagnée de Messieurs de Cossé-Brissac, de Laferrière, de Castelbajac, elle s'apprêta à partir à son tour.

Dans le salon des huissiers, Bignet se tenait à son poste dans son costume habituel. L'habit marron, les culottes et les bas de soie noirs.

— L'Impératrice est partie, lui dit Madame de la Poëze, ne restez pas ici. La populace va entrer. Surtout quittez votre tenue de service. C'est l'ordre de l'Impératrice.

Bignet présenta alors au Comte de Cossé-Brissac le livre sur lequel on inscrivait les audiences, en lui demandant ce qu'il devait en faire. C'était un assez gros registre. Monsieur de Brissac déchira les feuilles écrites et les emporta, afin de ne pas laisser le nom des personnes reçues.

Au haut de l'escalier des appartements particuliers de l'Impératrice, un cent-garde était de faction, immobile comme aux jours de parade.

Madame de la Poëze lui dit également que l'Impératrice est partie ; qu'il doit se retirer.

— Il n'y a plus personne dans les appartements? demanda cet homme.

— Personne! lui répond-on.

Alors, frappant le sol d'un dernier coup de sa carabine, il réveille sous la voûte un écho sonore; puis, posant méthodiquement son arme dans l'angle de la fenêtre, comme l'on faisait d'ordinaire lorsqu'un camarade allait venir remplacer le factionnaire, il suit le groupe qui descendait.

Pendant ce temps le jardin privé s'était rempli de monde; le guichet du pavillon de l'Horloge était envahi. Surprise d'une victoire si facile, la foule, craignant quelque embûche, hésitait encore à pénétrer dans l'intérieur du Palais.

Madame de la Poëze se trouva en sortant au milieu de la cohue. Elle relève son voile. On l'entoure, on la regarde avec curiosité.

— Ce n'est pas l'Impératrice, dit-on. Et on la laisse passer.

Pendant ce temps, le Général Trochu tournoyait à cheval au milieu du mouvement populaire, suivant les députés qui allaient proclamer la République à l'Hôtel de Ville. Là, il se fait décerner le titre de Président du Gouvernement de la défense nationale, remplaçant ainsi sans hésitation, sans consulter la nation, le gouvernement qu'il avait accepté la mission de soutenir et de défendre.

Vers cinq heures, une sorte de cortège, composé de trois ou quatre cents hommes, traverse une partie des Champs-Élysées.

C'est le nouveau ministre de l'intérieur, Monsieur Gambetta, qui se dirige vers la place Beauveau pour prendre possession du ministère. Il trouve deux secrétaires de Monsieur Chevreau qui n'avaient pas quitté leur poste.

Monsieur Gambetta, qui était accompagné de plusieurs membres du Gouvernement de la défense nationale, prend la parole et demande à être introduit dans le cabinet du ministre. Ces Messieurs le lui indiquent. Il entre, s'installe au bureau de Monsieur Chevreau, et se tournant vers la foule qui l'a suivi :

— Ah! çà, dit-il, j'aime à croire que vous allez me laisser travailler? Sortez, je vous prie.

La foule docile se retire pendant que Gambetta prend les premières dispositions. Monsieur Ernest Picard cause avec l'un des secrétaires de Monsieur Chevreau, qu'il connaît personnellement.

— Il faut avouer, dit-il, que le gouvernement a été bien maladroit. Si, cette nuit, l'Impératrice avait déposé la Régence, nous ne serions pas arrivés si facilement ici !

On interrompt leur entretien pour prévenir Monsieur Picard que la foule s'acharne après les aigles qui ornent la façade du ministère et que ces aigles étant fort lourdes, leur chute pourrait causer des accidents.

— Dites-leur que ce qu'ils font là est stupide et dangereux, répond Monsieur Picard. Et s'ils persistent, ma foi, tant pis ! Laissez-les faire. Quelques gaillards comme ceux-là de moins, ce ne serait pas une grande perte.

Pendant ce dialogue, les aigles étaient violemment décapitées. Le soir, Paris illuminait comme si on venait de battre les Prussiens.

Le lendemain 5 septembre, dans la matinée, l'Impératrice quittait Paris. On connaît la suite. De relais en relais on arrive à Deauville, le 6 dans la soirée. Sur les instances de Monsieur Evans, le propriétaire d'un yacht de plaisance, la *Gazelle*, Sir John Burgoyne, se décide à transporter l'Impératrice en Angleterre.

Bien que la traversée ne dût s'effectuer qu'au jour, on s'embarqua à minuit afin de n'être pas remarqué. Le lendemain matin, dès sept heures, on appareillait et l'Impératrice quittait la rive française. Un coup de vent d'une violence inouïe se déchaîne pendant la traversée. Le frêle navire, long de quinze mètres, à peine destiné à des promenades de plaisance, n'est pas construit pour lutter contre la tempête. Vingt fois il est près de sombrer.

— Ce petit bâtiment sautait sur les vagues comme un bouchon, me racontait l'Impératrice, lorsque je la revis en Angleterre. Je croyais que nous étions perdus ! La mort dans ce grand tumulte me paraissait enviable et douce. Je songeais que j'allais disparaître et que nul ne connaissant le parti que j'avais pris de passer en Angleterre, on ignorerait à jamais ce que j'étais devenue. Ainsi un mystère impénétrable aurait enveloppé la fin de ma destinée.

CHAPITRE XI

Comment j'appris la captivité de l'Empereur. — Officiers échappés de Sedan. — Paris le 5 septembre. — Aux Tuileries. — La Vicomtesse Aguado. — La Princesse d'Essling. — La Comtesse de la Poëze. — L'Impératrice à Hastings. — Le Général Fleury et la cour de Russie. — Alexandre II. — Une lettre de l'Impératrice au Czar. — Monsieur Thiers à Saint-Pétersbourg. — Monsieur Strode et Chiselhurst. — L'incident Régnier. — Le Maréchal Bazaine. — Le Général Bourbaki. — L'armée de l'Est. — L'armée de Metz. — Vœu de l'Impératrice. — Remerciements du Gouvernement de la défense nationale adressés à l'Impératrice Eugénie.

Le 29 août j'étais auprès de l'Impératrice. Les préparatifs du siège avançaient et la marche de l'ennemi laissait prévoir que l'investissement de Paris était très prochain. Sa Majesté m'engagea à profiter des derniers jours pendant lesquels on pouvait encore sortir librement pour aller voir Monsieur Carette avant une séparation dont on ne pouvait pas préjuger l'issue. J'hésitais à m'éloigner même pour peu de jours.

L'Impératrice me rassura en me disant qu'elle me rappellerait dès que les communications menaceraient d'être rompues.

J'arrivai chez moi dans l'Aisne; le pays était morne et désolé. Les travaux des champs étaient à peu près interrompus dans cette saison si animée d'ordinaire. Partout des gens affolés fuyaient. On ne rencontrait par les chemins que de misérables charrettes chargées de femmes, d'enfants entassés pêle-mêle avec un pauvre mobilier, quelques sacs de blé. Des bestiaux mélancoliques, que l'on cherchait à soustraire à la rapacité de l'ennemi, suivaient tirés par le licou. Plus on est pauvre, plus on est attaché à son bien. Rien n'était plus sinistre, plus attristant, au milieu de nos belles campagnes si paisibles en apparence, que cette panique de toute une population, cette fuite désolée et sans but.

Nous avions installé chez nous une ambulance. Le médecin du pays, un prêtre, quelques femmes dévouées étaient prêts à donner leurs soins aux blessés qui nous seraient confiés.

Je m'occupai à compléter toutes les dispositions qui devaient assurer leur bien-être et sans nouvelles, les journaux ne donnant que des renseignements vagues dont je savais qu'il y avait lieu de se méfier, j'attendis un signe de l'Impératrice pour retourner auprès d'elle.

Le dimanche 4 septembre, après la messe, nous déjeunions en compagnie du chapelain qui desservait la chapelle de Nogent. Nous échangions nos tristes préoccupations, lorsque, par une des fenêtres de la salle à manger, je vis arriver un jeune homme, contremaître chez Monsieur Carette et qui était dans les mobiles de Soissons. Je donnai l'ordre de le faire entrer immédiatement, pensant bien qu'il apportait des nouvelles.

— L'armée a capitulé à Sedan, nous dit-il. L'Empereur est prisonnier.

La foudre m'aurait touchée, que je n'aurais pas ressenti une commotion plus violente. Je m'étais levée, je tombai sans connaissance. Mais bientôt je retrouvai le sentiment et je ne songeai plus qu'à rejoindre l'Impératrice. Tout ce qui pouvait m'être nécessaire étant à Paris, on ne prit que le temps d'atteler une voiture pour aller à la gare de Chauny et je partis avec Monsieur Carette, qui, retenu par ses fonctions de maire et de Conseiller général et ne voulant pas s'éloigner, ne devait m'accompagner que jusqu'au chemin de fer.

A Chauny on avait reçu des dépêches. Nous apprenions que la République était proclamée.

Monsieur Carette ne voulut pas alors me laisser partir seule, il se décida à venir à Paris. Le service était interrompu et il fallut nous résigner à attendre plusieurs heures. Les voies étaient encombrées par le passage continuel de trains, les uns montant vers le Nord, d'autres descendant sur Paris, chargés de toute sorte d'approvisionnements et de munitions.

Enfin vers neuf heures du soir, on signala un train de voyageurs. Nous nous hâtons de monter dans un des rares compartiments où il restait de la place. Nous nous trouvions avec des officiers échappés de Sedan.

En face de moi était un colonel d'artillerie, qui portait le bras en écharpe. Je lui demandai s'il était blessé? d'où il venait?

— De Sedan, me répondit-il. Nous sommes

battus; j'ai reçu une blessure assez légère pour pouvoir m'échapper. Je suis resté deux jours dans une ferme d'où l'on m'a conduit jusqu'à la prochaine gare, caché dans une voiture de foin ; et je vais à Paris me mettre à la disposition du ministre de la guerre.

— Et vos hommes? lui dis-je, vos canons?

— Ah! Madame, me répondit-il, et des larmes jaillirent de ses yeux! Mes pauvres braves canonniers... Tout a été anéanti. Nous n'avons plus ni hommes, ni canons.

— Et l'Empereur?

— L'Empereur, reprit-il, en hochant la tête. L'Empereur je l'ai vu de loin, du côté de Bazeilles, au milieu du feu, je pensais bien qu'il s'était fait tuer. On vient de me dire qu'il est prisonnier. C'est bien malheureux pour lui. J'ai perdu tout mon équipement, mes chevaux, mes cantines. Je ne possède plus rien que les vêtements déchirés que j'ai sur moi.

D'autres officiers, l'air morne et irrité, se taisaient. Plusieurs avaient des coiffures bizarres avec leur capote. Ils s'étaient échappés aussi. Un officier d'administration n'avait même pas de tunique. On voyait les manches de sa chemise sous un vêtement imperméable.

Dans un coin, un tout jeune homme, un sergent de la ligne, dont la tête était enveloppée de linges, était immobile et tellement pâle, qu'il semblait évanoui. A un arrêt du train, je m'approchai et lui demandai s'il souffrait, s'il y avait quelque chose à faire pour le soulager. Sans ouvrir les yeux, il me répondit avec le dernier emportement qu'on le laissât en repos; que s'il crevait comme un chien, c'était bien la faute de tous ces bandits de généraux qui avaient trahi et vendu l'armée.

Tout le monde se tut et le train continua sa marche, se garant à chaque moment pour en laisser passer d'autres.

A trois heures du matin, nous arrivions seulement à Chantilly. Monsieur Carette reconnut sur le quai de la gare Monsieur Corbin, un ancien préfet de l'Aisne qui se promenait et paraissait attendre. Monsieur Corbin avait épousé une nièce de Madame de Feuchères, héritière de son bien, et habitait le beau château de Bourgfontaine situé dans les environs de Chantilly. Ils avaient conservé des relations avec les Princes de la famille d'Orléans.

Deux voyageurs, très enveloppés dans leurs manteaux, descendirent du train. Monsieur Corbin les rejoignit et ils s'éloignèrent rapidement. Monsieur Carette me les désigna. Il avait cru reconnaître Monsieur le Duc d'Aumale. Le train dans lequel nous étions venait de Belgique. Nous avons su depuis que le Duc d'Aumale était en effet rentré en France aussitôt après la proclamation de la République.

Nous arrivions à Paris vers six heures du matin, ayant passé neuf heures en route pour un trajet normal de deux ou trois heures à peine.

Un vieil employé du chemin de fer, ancien militaire, auquel j'avais fait obtenir quelque légère faveur, me reconnut et, venant à moi :

— Quel malheur ! me dit-il, Napoléon est prisonnier et tous ces j... f.......-là ont proclamé la République. Mais cela ne durera pas.

Je lui demandais ce qu'il savait du sort de l'Impératrice. Il l'ignorait.

Paris, à cette heure matinale, avait sa physionomie accoutumée. Des escouades de balayeurs dans les rues. A la gare, de vieux fiacres mal attelés pour conduire les voyageurs. De loin en loin, des sergents de ville se promenant lentement, les mains dans les poches de leur capote. Il était impossible de se douter que la veille un événement aussi considérable s'était accompli. Le sentiment qui dominait était la surprise. Je me fis conduire directement aux Tuileries. A travers les guichets fermés je pouvais voir la cour déserte. On me refusa l'entrée. J'appelai le concierge qui, m'ayant reconnue, vint aussitôt pour me parler à travers la grille surveillée par un poste de gardes nationaux.

— Où est l'Impératrice? lui demandai-je.

— Sa Majesté, me dit-il, est partie hier à trois heures avec le Prince de Metternich et l'Ambassadeur d'Italie.

Il m'apprit également que mon amie la Vicomtesse Aguado était sortie une des dernières des Tuileries, et que sans doute elle avait rejoint l'Impératrice.

Je me rendis aussitôt rue de l'Élysée, à l'hôtel de Madame Aguado ; tout était hermétiquement fermé. Cependant l'on vint m'ouvrir et le concierge, m'ayant introduite, me dit avec beaucoup de mystère que le Vicomte et la Vicomtesse étaient partis pour la Belgique, afin de rejoindre l'Impératrice; qu'ils comptaient se fixer auprès de Sa Majesté. Ces détails ne me suffisaient pas.

J'allai rue Jean-Goujon, chez la Princesse d'Essling, notre grande maîtresse. Elle me reçut aussitôt. Malgré l'heure matinale, la princesse était habillée avec autant de soin que si elle devait aller à la cour. Elle s'occupait à envelopper dans des feuilles d'ouate les fleurs d'une splendide pendule en vieux Saxe. Je me jetai dans ses bras en pleurant.

La Princesse, bien que profondément dévouée à la famille impériale et très attachée à l'Impératrice, était beaucoup plus calme que moi.

— Où est l'Impératrice? lui dis-je. Je veux la rejoindre! Je veux reprendre mon service auprès d'elle.

— Ma chère, me dit la Princesse, il n'y a plus de Cour, il n'y a plus de service. Désormais, voyez-vous, nos malheureux souverains n'auront plus auprès d'eux que des amis dévoués.

— Mais, lui dis-je, c'est un moment d'aberration, de crise! Dès que la paix va être signée, le peuple aux sept millions de suffrages rappellera l'Empereur, et on pourra tout réparer.

— Non, croyez-moi, me dit la Princesse, ce sont des illusions. L'Empire est détruit pour des années. L'empereur ne régnera plus. Peut-être le Prince Impérial reviendra-t-il plus tard. S'il revient, c'est lui qui réparera tout. Maintenant nous allons assister aux plus dangereuses folies.

La Princesse m'exprima alors sa douleur de n'avoir pas été auprès de l'Impératrice, au moment de son départ.

Depuis le retour de Saint-Cloud, chaque jour la Princesse se rendait aux Tuileries, dans sa grande berline doublée de satin blanc. Elle tenait son rang avec beaucoup de dignité et n'aurait pas voulu se montrer dans un équipage plus simple. La veille, à deux heures, elle était montée en voiture comme de coutume, elle avait traversé les Champs-Élysées sans encombre, mais en arrivant sur les quais, sa voiture s'était trouvée prise dans la foule.

En reconnaissant la cocarde de la maison, on avait arrêté ses chevaux, maltraité ses gens et dans l'impossibilité de se frayer un passage à travers cette multitude, la Princesse avait dû rétrograder au milieu des menaces et des imprécations.

— Je vais quitter la France, me dit-elle, et dès que je le pourrai, je rejoindrai l'Impératrice.

Je la suppliai de me donner toutes les nouvelles qu'elle saurait, et nous nous séparâmes.

Il me sembla alors que la Princesse était sous le coup d'une défaillance que son âge pouvait excuser. Je pensais que la façon dont elle envisageait les événements n'était que la conséquence d'un moment d'affolement. La Princesse d'Essling, bien qu'un peu froide au premier abord, était une personne excellente avec de l'esprit et beaucoup de jugement. Elle voyait les événements dans leur réalité; et c'est de mon côté qu'étaient les illusions.

Ayant appris que Madame de la Poëze était restée auprès de l'Impératrice jusqu'au dernier moment, je me rendis chez elle. Elle me fit alors le récit fidèle de tout ce qui s'était passé au moment du départ des Tuileries. Elle m'affirma qu'elle ne savait pas en quel lieu Sa Majesté s'était retirée.

Je crus que par suite d'un sentiment de discrétion, elle m'en faisait mystère, mais effectivement elle ignorait comme tout le monde les derniers incidents.

Nous nous séparâmes rassurées et pensant que du moins, grâce à l'intervention des deux ambassadeurs, l'Impératrice était en sûreté. Dans quelles angoisses n'aurions-nous pas été si nous avions connu la vérité !

Le jour même, je partais pour Dieppe, où j'allai retrouver mes enfants. Je comptais y attendre des nouvelles, et rejoindre avec eux l'Impératrice, dès que cela serait possible.

Monsieur Carette n'envisageait pas qu'il pût se séparer, dans ces terribles moments, de la population au milieu de laquelle nous vivions. Les Prussiens s'avançaient. Il voulait être chez lui, nous nous séparâmes et il se hâta de retourner à Nogent, où il fut à même de rendre de grands services au pays, pendant toute la durée de la guerre et les dix-huit mois d'occupation. Malgré les menaces et les violences de l'ennemi, malgré l'affolement de ses administrés, sa commune refusa constamment de payer les contributions prussiennes. Cette commune fut une des plus épargnées. Son attitude lui valut même des remerciements officiels de l'administration préfectorale du Gouvernement de la défense nationale.

Je restai plusieurs jours à Dieppe, dans l'ignorance absolue de ce qu'était devenue l'Impératrice, écrivant de tous côtés pour avoir des nouvelles. J'appris enfin son arrivée à Hastings, où se trouvait déjà le Prince Impérial.

Sans aucune nouvelle depuis le 4 septembre, sachant seulement que l'Impératrice avait dû quitter les Tuileries devant l'émeute, le Prince et tous ceux qui l'entouraient étaient dans de mortelles inquiétudes!

La Duchesse de Mouchy, arrivant de France, s'était rendue aussitôt à Hastings pour voir le Prince. Il ignorait son arrivée en Angleterre. De loin il croit reconnaître l'Impératrice et s'élance au-devant de la Duchesse. En constatant son erreur, le Prince fut saisi d'un désespoir que rien ne pouvait apaiser.

Enfin, malgré la tempête, le yacht de Sir John Burgoyne avait pu entrer dans le petit port de Ryde. C'est de là que l'Impératrice gagna Hastings.

Sa Majesté y arriva le 8 septembre, brisée de fatigue, de douleur, dénuée de tout, étant partie sans aucun préparatif et le voyage ayant duré quatre jours. La Duchesse de Mouchy et la Princesse de Metternich durent prêter du linge et des vêtements, en attendant que l'on ait pu se procurer les objets indispensables.

Plus tard, lorsque Sa Majesté alla s'établir à Chiselhurst, elle se souvint que l'on conservait à Arenenberg des caisses remplies de tout un trousseau ayant appartenu à la Reine Hortense. On le fit venir. C'était le plus beau linge, le plus fin, le plus élégant que l'on puisse imaginer. Les lingères à la mode aujourd'hui ne font rien de comparable, et par une singulière coïncidence tout se trouva exactement à la mesure de l'Impératrice.

La dernière dépêche politique reçue par la Régente aux Tuileries, le 4 septembre, venait du Général Fleury, notre Ambassadeur à Saint-Pétersbourg. Dès que la guerre avait été déclarée, le Général Fleury avait demandé à être relevé de ses fonctions diplomatiques, afin de reprendre sa place dans l'armée.

Le Général Fleury avait une excellente situation auprès du Czar, qui l'honorait d'une faveur et d'une confiance toute particulière. Il n'avait pas peu contribué à effacer le souvenir pénible que les incidents de Paris avaient laissé dans l'esprit de l'Empereur de Russie, à la suite de son voyage en 1867.

Alexandre II témoigna son regret de voir partir notre ambassadeur et lui demanda de rester à Saint-Pétersbourg. L'Empereur pria également le Général de renoncer à quitter son poste, en faisant valoir les services qu'il serait appelé à rendre, l'appui de la Russie pouvant être si utile à la France au milieu du conflit qui venait de s'élever. Le Général avait donc continué ses fonctions d'Ambassadeur.

En apprenant la captivité de l'Empereur, et sur les indications de l'Impératrice, le Général Fleury avait demandé dans quelle mesure l'intervention du Czar nous serait acquise pour amener la Prusse à traiter. L'Empereur de Russie avait écouté favorablement cette demande et s'était montré très partisan d'un accord.

C'est la dépêche dans laquelle le Général Fleury

annonçait que le Czar était disposé à conseiller à la Prusse de cesser les hostilités, dont l'Impératrice avait parlé aux délégués de la Chambre le 4 septembre lors de leur dernière entrevue.

C'est cette dépêche que l'on n'a pu retrouver après le passage de Monsieur Jules Favre au ministère des affaires étrangères, et dont le Gouvernement de la défense nationale a voulu nier l'existence.

Quoi qu'il en soit, dès son arrivée en Angleterre, l'Impératrice se préoccupa du parti que l'on pouvait encore tirer, pour les intérêts de la France, des dispositions du Czar.

Elle télégraphia au Général Fleury, afin de l'engager à continuer des négociations dans ce sens et enfin se décida à faire directement un appel à l'Empereur de Russie, auquel elle adressa la lettre suivante :

« Sire,

« Éloignée de ma patrie, j'écris aujourd'hui à
« Votre Majesté. Il y a quelques jours à peine,
« quand les destinées de la France étaient encore
« entre les mains du pouvoir constitué par l'Em-

« pereur, si j'avais fait la même démarche j'aurais
« paru, peut-être, aux yeux de Votre Majesté et à
« ceux de la France, douter des forces vives de
« mon pays.

« Les derniers événements me rendent ma
« liberté et je puis m'adresser au cœur de Votre
« Majesté.

« Si j'ai bien compris les rapports de notre
« Ambassadeur le Général Fleury, Votre Ma-
« jesté écartait à priori l'idée du démembrement
« de la France.

« Le sort nous a été contraire, l'Empereur est
« prisonnier et calomnié. Un autre gouvernement
« a entrepris la tâche que nous regardions comme
« notre devoir de remplir. Je viens supplier Votre
« Majesté d'user de son influence, afin qu'une
« paix honorable et durable puisse se conclure
« quand le moment sera venu.

« Que la France, quel que soit son gouverne-
« ment, trouve en Votre Majesté les mêmes sen-
« timents qu'elle nous avait témoignés durant
« ces dures épreuves.

« Dans la situation où je me trouve, tout
« peut être mal interprété. Je prie donc Votre

« Majesté de tenir secrète cette démarche que son
« généreux esprit comprendra et que m'inspire
« le souvenir de son séjour à Paris.

Signé : « EUGÉNIE. »

L'Empereur de Russie répondit que l'état politique de la France étant si différent, son intervention ne pouvait plus avoir la même action. Néanmoins, c'est grâce à l'intermédiaire d'Alexandre II et sur les instances du Général Fleury, que l'entrevue de Ferrières fut accordée le 15 septembre.

A l'étranger, on envisageait la continuation de la guerre comme une faute pour la France. Aussi l'attitude de Monsieur Jules Favre, rompant les négociations, avait-elle indisposé contre nous toutes les autres puissances.

Au lendemain du 4 septembre, le Général Fleury, après avoir remis ses pouvoirs à Monsieur de Gabriac, le premier secrétaire de l'Ambassade de France à Saint-Pétersbourg, n'en chercha pas moins à entretenir autant qu'il était en son pouvoir les bonnes dispositions de l'Empereur de Russie, qu'il rejoignit au camp de Tzarkoé-Selo.

Dans des conversations qui n'avaient plus

aucun caractère officiel, le Général s'étant démis de ses fonctions, Alexandre II ne cacha pas les sombres prévisions que lui inspirait la témérité avec laquelle les chefs du nouveau gouvernement entreprenaient de soutenir une guerre désespérée, alors que nous n'avions plus d'armée, et que la plus grande partie de nos armements était anéantie. On trouvait chez ceux que nous avions battus jadis, que le malheur de la défaite n'était pas plus dur pour nous qu'il n'avait été pour les autres peuples et qu'à notre tour, nous devions céder, comme d'autres avaient cédé devant nous.

— « Il faut que la France sache aussi accepter la défaite, avait dit le Czar. Depuis une période de vingt années, de cruels revers ont été infligés à la plupart des grandes puissances de l'Europe. Les nations qui les ont subis se sont serrées autour de leur souverain. Elles se sont relevées! Pourquoi donc la France seule ne pourrait-elle souffrir ce que nous avons tous souffert? Mon père l'Empereur Nicolas a traité à Sébastopol. L'Empereur d'Autriche, après Solférino et Sadowa. Récemment encore le traité de Prague n'a-t-il pas fait saigner bien des blessures? N'y a-t-il pas encore de l'honneur à s'avouer vaincu, lorsque la lutte n'est plus qu'une folie suprême? Dans les conditions actuelles, avec un gouvernement sans mandat, l'armée étant prisonnière, lorsqu'il faut créer une armée nouvelle devant l'ennemi établi au cœur du pays, que pouvez-vous espérer? Vous ne pouvez que prolonger une lutte aux dépens de tous vos intérêts. Avec l'ennemi qu'elle a devant elle, la France peut encore combattre. Elle ne peut plus vaincre.

« Les exigences de la Prusse grandiront avec vos revers, avec les sacrifices qu'elle-même s'impose pour continuer la lutte. Vous épuiserez le pays, et sans compter le sang qui coulera inutilement, vous vous préparez une longue suite de ruines et de troubles. Il y a des lois plus fortes que la volonté humaine. Que votre orgueil national s'incline, et traitez au plus tôt. »

Ce sont les mêmes avis que Monsieur Thiers devait recueillir durant ses pérégrinations auprès des différentes cours de l'Europe. Absent au 18 septembre, au moment de l'entrevue de Ferrières, il fut plus tard impuissant à faire prévaloir ces idées devenues les siennes, lors d'une nouvelle tentative d'accommodement tentée avec la Prusse le 31 octobre, et à laquelle il se trouva mêlé.

En quittant Paris pour cette tournée européenne dont le but apparent était de réveiller les sympathies en faveur de la France, Monsieur Thiers se rendit directement en Russie.

On a prétendu que l'ancien ministre du gouvernement de Juillet n'avait pas voulu accepter une place parmi les membres d'un gouvernement dont il prévoyait la durée éphémère, et qu'il avait préféré s'éloigner à ce moment, afin de réserver l'avenir. Quoi qu'il en soit, Monsieur Thiers en arrivant à Saint-Pétersbourg, donna l'ordre qu'on le conduisît à l'Ambassade de France, où il arriva en fort mince équipage. Là, il fut poliment éconduit. En effet, la résidence où le Général Fleury s'était fixé était louée directement par lui. Monsieur Thiers, averti, dut se faire conduire dans un hôtel.

Lorsque la Comtesse Fleury, notre ambassadrice, reçut son audience de congé à Tzarkoé-Selo, l'Impératrice de Russie lui parla avec la plus vive émotion d'une lettre admirable de noblesse et de patriotisme, dit-elle, que le Czar avait reçue de l'Impératrice Eugénie. C'était la lettre citée plus haut.

Le Général Fleury quitta définitivement la Russie à la fin du mois de septembre. Sa famille se fixa en Suisse pendant qu'il allait à Wilhelmshœhe. On lui fit savoir qu'il eût à ne pas rentrer en France sous peine d'arrestation. Il passa le temps de la guerre entre la Suisse et des visites à l'Empereur, en Allemagne.

Hastings étant une station de bains de mer élégante et très fréquentée durant la belle saison, l'Impératrice s'y trouva au milieu d'un mouvement mondain qui la faisait souffrir et la gênait. Sa Majesté désirait se fixer momentanément dans la campagne, aux environs de Londres. On se mit en quête d'une habitation retirée. Monsieur Strode, un Anglais fort riche qui avait connu l'Empereur autrefois, vint se mettre à la disposition de l'Impératrice et ayant appris que Sa Majesté cherchait une demeure, il offrit sa maison de Camden, située à Chiselhurst. Un des officiers qui était auprès du Prince Impérial l'alla visiter, pour voir si elle pourrait convenir. C'était une vaste demeure enfermée dans un parc fort triste d'aspect, mais confortable et commode. Monsieur Strode voulait l'offrir à l'Impératrice pour s'y établir. L'aide de camp du Prince Impérial lui fit entendre que Sa Majesté n'accepterait pas et cherchait une location.

— Je ne demande pas mieux que de louer, dit Monsieur Strode.

— L'Impératrice n'a pas le projet de s'installer aussi grandement et cette maison doit être d'un loyer plus élevé que celui que l'on m'a fixé.

— Combien l'Impératrice veut-elle mettre?

L'officier cita un prix assez modique.

— C'est justement ce que je demande, répliqua Monsieur Strode.

L'affaire se conclut ainsi et l'Impératrice alla se fixer à Chiselhurst vers le 20 septembre, dans cette fatale demeure où l'on ne pensait rester qu'un temps très limité, mais où tant de pleurs ont coulé et où le cœur de l'Impératrice devait être brisé par la douleur la [plus tragique qu'aucune mère ait connue.

Avant de quitter Hastings, il se produisit un incident qui est resté enveloppé d'un impénétrable mystère, qui donna lieu à bien des commentaires et dont on n'a jamais eu la clef. Un Français que personne de l'entourage ne connaissait, Monsieur Régnier, se présenta et demanda à être reçu par Sa Majesté. L'audience ne fut pas accordée. Dans les circonstances critiques où l'on se trouvait, tous les inconnus étaient prudemment écartés. Monsieur Régnier ne se découragea pas. Il s'arrangea pour rencontrer le Prince Impérial dans une des promenades qu'il faisait seul avec son précepteur, Monsieur Filion, et l'ayant abordé, il se nomma et dit au Prince qu'il partait pour Wilhelmshœhe, où il voulait aller saluer l'Empereur. Il demanda si le Prince ne voudrait pas envoyer à l'Empereur un souvenir du pays où il se trouvait. En même temps il tirait de sa poche une vue d'Hastings. Le Prince écrivit au crayon et signa deux lignes sur la photographie que M. Régnier lui présentait, et la lui remit, en le remerciant des sentiments qu'il venait d'exprimer pour l'Empereur.

L'Impératrice, en apprenant cette singulière rencontre, en fut préoccupée. Elle télégraphia aussitôt à l'Empereur de ne tenir aucun compte de ce que pourrait lui transmettre une personne sans mandat, qui disait aller à Wilhelmshœhe et qui présenterait une photographie signée par le Prince Impérial.

Ce n'est pas à Wilhelmshœhe que Monsieur Régnier avait dessein d'aller. Deux jours après, il était à Ferrières, où il obtint une entrevue de Monsieur de Bismarck, auquel il présenta la photographie signée par le Prince Impérial comme un gage de négociation. On n'a jamais su les motifs qu'il invoqua, mais à la suite de cette entrevue on lui remettait un sauf-conduit pour Metz, où il arrivait deux jours plus tard !

Là, toujours grâce à la photographie signée par le Prince Impérial, il parvint jusqu'au Maréchal Bazaine. Il se donna comme mandataire de l'Impératrice qui, d'accord avec la Prusse, était au moment de signer la paix, prétendait-il. Il fallait absolument que Sa Majesté eût auprès d'elle un des représentants de l'armée de Metz. Elle demandait qu'on envoyât immédiatement soit le Maréchal Canrobert, soit le Général Bourbaki.

Le Général Bourbaki, appelé par le Maréchal Bazaine, reçut l'ordre de suivre Monsieur Régnier et d'aller se mettre à la disposition de l'Impératrice. Le Général Bourbaki était un des aides de camp de l'Empereur. Son dévouement était éprouvé. Néanmoins, en apprenant qu'il devait se séparer momentanément de ses troupes, il éleva quelques objections. Le maréchal Bazaine lui représenta la situation périlleuse où se trouvait l'armée et l'engagea vivement à se rendre à l'invitation de l'Impératrice. Il donna même au Général, qui n'avait que sa tenue militaire, des vêtements bourgeois afin de ne pas attirer l'attention, en traversant les lignes prussiennes.

Le Général Bourbaki demanda des instructions plus précises.

— Vous ferez ce que vous dira l'Impératrice, répliqua le Maréchal Bazaine.

Certain qu'on ne lui imposerait rien qui pût coûter à son patriotisme ou à son honneur de soldat, le Général partit, accompagné de Monsieur Régnier, dont le sauf-conduit, émanant des autorités allemandes, était libellé pour deux personnes.

A son arrivée aux avant-postes, un colonel prussien se présenta au Général Bourbaki et lui dit qu'il était attendu depuis vingt-quatre heures.

Il lui proposa de le mener auprès du Prince Frédéric-Charles. Le Général, étonné, refusa en disant qu'il n'avait aucune affaire à traiter avec le Prince. Monsieur Régnier alors le quitta en lui disant qu'il le rejoindrait incessamment, muni du traité de paix prêt à être signé. Le Général fut accompagné jusqu'à la frontière par ce colonel prussien qui, en le quittant, lui avoua qu'il le connaissait et qu'il serait toujours honoré de l'avoir escorté.

Le Général passa en Belgique, où se trouvait Madame Bourbaki. C'est là seulement qu'il apprenait exactement l'état révolutionnaire où se trouvait la France. Il se rendit compte alors que la démarche dont il s'était chargé, sans mandat défini, sur l'ordre du Maréchal Bazaine, pouvait avoir une tout autre portée que celle qu'il avait comprise d'abord. Néanmoins, il partit pour l'Angleterre et le 20 septembre il arrivait à Chiselhurst, au moment du déjeuner de l'Impératrice.

L'émotion, la surprise de Sa Majesté en le voyant, les premiers mots échangés lui révèlent qu'on l'a abusé, qu'il n'est pas attendu, qu'on ne l'a pas appelé, qu'on n'a rien à lui dire.

Il se demande alors pourquoi on l'a éloigné d'une armée dont il est à même de juger la situation critique. Désespéré, il n'a plus qu'une pensée : rentrer à Metz pour reprendre son commandement. Mais lui permettra-t-on de traverser de nouveau les lignes d'investissement? L'Impératrice l'engage vivement à tout tenter pour rejoindre ses troupes.

Par l'entremise de Lord Granville, on obtient un sauf-conduit de l'ambassade de Prusse à Londres et le Général reprend aussitôt le chemin de la France. Mais à la frontière une déception plus cruelle encore l'attendait. Malgré les assurances données, malgré le sauf-conduit, on lui refuse le passage aux avant-postes, et il se voit séparé sans retour de ses compagnons d'armes.

Le Général Bourbaki vint immédiatement à Paris pour se mettre à la disposition du Gouvernement de la défense nationale. On lui donna le commandement de l'armée de l'Est qu'il dut organiser.

A l'armistice, Monsieur Jules Favre oublie de le comprendre dans la capitulation. Hors d'état de tenir tête aux armées victorieuses qui l'enveloppent de toutes parts, avec des troupes inexpérimentées et qui passent la frontière, en déroute au milieu d'une tourmente de neige, le Général se voit réduit aux plus horribles extrémités. Deux échecs aussi rapprochés sont au-dessus des forces de ce vaillant. Il s'attribue la double fatalité qui l'a séparé de ses compagnons d'armes à Metz et qui le chasse du territoire avec son armée en détresse. Il arme un pistolet et tente de se faire sauter la tête. On le sauva ! La trace de cette blessure est une des plus nobles cicatrices que puisse porter un héros malheureux.

Les jours qui suivirent l'apparition du Général Bourbaki en Angleterre, furent pour l'Impératrice des jours d'angoisse inexprimable.

Après le premier moment de surprise causée par l'arrivée inattendue du Général, Sa Majesté chercha à pénétrer la raison de ce mystérieux voyage. Uniquement occupée des intérêts de la France, l'Impératrice se demandait quelle relation on pouvait établir entre cette démarche et l'état de l'armée de Metz.

Un caractère comme celui de Bourbaki était au-dessus de toute interprétation douteuse. Mais dans le trouble de ce départ incompréhensible, sans aucun pouvoir, sans aucune instruction pour remplir un rôle de négociateur dont les actes pouvaient avoir des conséquences si graves, n'y avait-il pas eu un peu d'égarement, d'affolement? Le Général n'avait-il rien oublié, rien omis? Comment pénétrer le véritable but d'une telle mission?

A toutes les interrogations de l'Impératrice, le Général Bourbaki avait répondu invariablement :
— Je ne sais rien. On ne m'a donné aucune communication à faire à Votre Majesté. On m'a dit d'une façon vague que mon concours était indispensable au salut de l'armée. On m'a donné l'ordre de partir, et je suis venu.

En même temps le Général dépeignait sous les couleurs les plus sombres l'état des troupes immobilisées autour de Metz, retenues par un investissement formidable, décimées par la maladie.

Toutes les démarches pouvaient devenir suspectes. Cependant l'Impératrice, cherchant à s'éclairer, n'hésita pas à demander partout des informations. Jour et nuit, en proie aux plus douloureuses anxiétés, elle se demandait s'il n'y avait pas quelque chose à faire pour sauver l'armée de Metz! Comment le deviner? Le temps s'écoulait sans apporter aucun éclaircissement.

Un jour, la Duchesse de Mouchy, entrant chez l'Impératrice, la trouva agenouillée dans son cabinet, priant avec ferveur.

— Mon Dieu, disait-elle, donnez-moi une inspiration qui me permette de sauver l'armée de Metz et je me ferai petite sœur des pauvres pour vous servir et vous remercier toute ma vie.

Lorsque je revis l'Impératrice en Angleterre, Sa Majesté me fit le plus dramatique récit de ces moments d'angoisse.

Tout le temps que dura la guerre, l'Impératrice ne songea qu'à seconder les efforts de la Défense! Après l'Empereur de Russie, l'Empereur d'Autriche, la Reine d'Angleterre, tous les souverains de l'Europe reçurent ses supplications pour obtenir une intervention favorable à la France, sans distinction de régime. Partout il fut répondu qu'en présence de la Révolution et d'un gouvernement irrégulier, toute intervention étrangère était devenue impossible.

On sut les efforts tentés par Sa Majesté en faveur de la paix. Monsieur Tissot, l'ambassadeur de

France à Londres, reçut l'ordre de faire parvenir très respectueusement à l'Impératrice Eugénie les remerciements du Gouvernement de la défense nationale, ce qui ne fut pas un des faits les moins singuliers de cette bizarre et douloureuse époque.

FIN

TABLE DES MATIÈRES

CHAPITRE PREMIER

Pages

La déclaration de guerre. — La Reine Isabelle et le Général Prim. — Prince et Princesse de Hohenzollern. — Le Roi de Prusse à Ems. — Le Comte Benedetti. — Dalle commémorative. — Négociations. — Monsieur Rancès. — Le Baron de Thile. — Paroles de l'Empereur. — Le Comte de Bismarck. — Le Prince Frédéric-Charles. — Renonciation éventuelle du Prince Léopold.   1

CHAPITRE II

Hostilité de la Prusse. — La Comtesse de Pourtalès. — Le Général Blumenthal et Lord Albermale. — 1867. — L'Exposition. — Les souverains à Paris. — L'Empereur de Russie. — Attentat de Berezowski. — Monsieur Raimbeaux. — Bal à l'ambassade de Russie. — Arrivée du Roi de Prusse à Paris. — Monsieur de Bismarck. — Les Buttes-Chaumont. — Le Maréchal de Moltke et l'eau de Paris. — Un tour de valse avec Monsieur de Bismarck.   19

CHAPITRE III

Le gouvernement parlementaire. — Le ministère du 2 janvier. — Monsieur Émile Ollivier et les Tuileries. — Madame Émile Ollivier. — Victor Noir. — Le Prince Pierre Bonaparte. — Monsieur Henri Rochefort. — Troubles à Paris. — Le Creuzot. — Les anarchistes. — Duel de Don Enrique de Bourbon et du Duc de Montpensier. — La comédie chez le Prince Impérial. — Séance du plébiscite dans la salle des États au Louvre. — Toilette de l'Impératrice. — Monsieur Haussmann. . . .   45

CHAPITRE IV

Rupture des négociations. — La presse. — Conseil de huit heures. — Convocation des Chambres. — Discussions parlementaires. — Monsieur Thiers et la Duchesse de Mouchy. — L'Empereur. — Monsieur Le Sourd. — Le Colonel Stoffel. — Proclamations de l'Empereur. — Le Prince Impérial. — Les lois militaires. — Tristesse de l'Impératrice. — La mobilisation. — La *Marseillaise* par ordre. — Monsieur Prévost-Paradol. — Le Comte de Saint-Vallier.   75

CHAPITRE V

Le pont de Kehl. — La Régence. — Départ de l'Empereur et du Prince Impérial pour l'armée. — La santé de l'Empereur. — Le Baron Larrey. — Le Camp de Châlons. — Voyage à Arenenberg. — Monsieur Bachon. — Séjour à Compiègne. — L'Impératrice à Wilhelmshœhe. — Metz. — Saarbrück. — Wissembourg. — Mort du Général Douay. — Reichshoffen. — Forbach. — La Maréchale Bazaine. — Invasion.   115

CHAPITRE VI

L'Impératrice à Saint-Cloud. — L'Amiral Jurien de la Gravière. — Une dépêche de Forbach. — Un portrait de la

TABLE DES MATIÈRES.

Princesse royale de Prusse. — Monsieur Émile Ollivier. — Départ de Saint-Cloud. — Conseil de Régence. — La Maréchale Canrobert. — Le Général Trochu. — Le Prince Napoléon. — L'Amiral Rigault de Genouilly. — Le Général Trochu refuse le ministère de la guerre. — Le Général Palikao. — Réunion des Chambres. — Agitation dans Paris. — Le Maréchal Baraguey d'Hilliers. — Renversement du ministère Ollivier. — Son dernier Conseil. 147

CHAPITRE VII

L'Impératrice Régente. — Borny. — Longeville. — Nancy. — Le 15 août à Paris. — Le 15 août à Metz. — Le Maréchal Canrobert. — Les pompiers ruraux. — Les préparatifs du siège. — La Société de secours aux blessés militaires. — La Baronne de Bourgoing. — La Maréchale Canrobert. — Madame Coralie Cahen. — Le département de l'Aisne. — Activité dans Paris. — Les Tuileries. — L'émeute de la Villette. — Le Général Vinoy. 177

CHAPITRE VIII

L'Empereur à Metz. — Le Prince Impérial souffrant. — Arrivée au camp de Châlons. — État des troupes au camp. — Conseil de guerre. — Le Général Trochu, gouverneur de Paris. — Le Général Schmitz. — Le Général Favé. — Entrevue du Général Trochu avec l'Impératrice. — Breton, catholique et soldat. 207

CHAPITRE IX

Dernières journées de combat. — Bazeilles et Sedan. — Lettre du Général Pajol. — L'Empereur prisonnier. — Entrevue avec Monsieur de Bismarck. — Entrevue avec le Roi de Prusse. — Départ de l'Empereur. — Wilhelmshœhe. — L'Empereur et la Reine Hortense. — Une parole de l'Empereur à Chiselhurst. 231

CHAPITRE X

Pages.

Le 4 Septembre. — Les irréconciliables. — Rumeurs dans Paris. — Dépêche de l'Empereur après Sedan. — Thiers et Mérimée. — Le Marquis de Castelbajac. — La Maréchale Canrobert et Monsieur Rouher. — Séance de nuit. — La Déchéance. — Réunion rue de la Sourdière. — Le Gouverneur de Paris se repose. — Mot du Général Trochu. — Un Maire de Paris. — Les amis de la dernière heure. — Entrevue de l'Impératrice avec une Députation de la Chambre. — Son attitude. — Les Ministres. — L'envahissement des Tuileries. — L'Impératrice cède. — Metternich et Nigra. — Les adieux. — L'envahissement du Carrousel. — Départ. — Monsieur Evans. — Embarquement à Deauville. — La tempête. 253

CHAPITRE XI

Comment j'appris la captivité de l'Empereur. — Officiers échappés de Sedan. — Paris le 5 septembre. — Aux Tuileries. — La Vicomtesse Aguado. — La Princesse d'Essling. — La Comtesse de la Poëze. — L'Impératrice à Hastings. — Le Général Fleury et la Cour de Russie. — Alexandre II. — Une lettre de l'Impératrice au Czar. — Monsieur Thiers à Saint-Pétersbourg. — Monsieur Strode et Chiselhurst. — L'incident Régnier. — Le Maréchal Bazaine. — Le Général Bourbaki. — L'armée de l'Est. — L'armée de Metz. — Vœu de l'Impératrice. — Remerciements du Gouvernement de la défense nationale adressés à l'Impératrice Eugénie. 304

Paris. — Typ. G. Chamerot, 19, rue des Saints-Pères. — 24931

www.ingramcontent.com/pod-product-compliance
Lightning Source LLC
Chambersburg PA
CBHW060336170426
43202CB00014B/2793